AF261930

QUESTION

DES

LIEUX SAINTS.

PARIS. — IMP. BAILLY, DIVRY ET Ce, PLACE SORBONNE, 2.

QUESTION

DES

LIEUX SAINTS

PAR

EUGÈNE BORE.

PARIS.

J. LECOFFRE ET C°, LIBRAIRES-ÉDITEURS,

RUE DU VIEUX-COLOMBIER, 29.

1850

QUESTION DES LIEUX SAINTS.

Nous nous décidons à publier un travail fait à Jérusalem, l'année dernière, sur la question des Lieux Saints, à laquelle nous croyons ramener avec raison toute la question d'Orient actuelle. Notre gouvernement ne peut méconnaître ou négliger des droits précieux, fondement de son protectorat catholique. La France a depuis un siècle fermé les yeux sur ses grands intérêts en Orient. Elle a aujourd'hui d'éclatantes réparations à exiger. En reprenant la politique traditionnelle des croisades, le gouvernement

1

de la République servirait la cause de l'Église et accroîtrait notre prépondérance dans le monde. Nous appelons l'attention des hommes éclairés sur les documents que précède une réponse à la prétention du ministère ottoman, qui, pour s'épargner l'embarras d'une révision du passé, et d'une solution, aurait voulu nous imposer la condition désavantageuse dans laquelle se trouvaient les religieux, nos protégés, après la coalition du 15 juillet 1840.

§ I.

ÉTUDE ET EXAMEN HISTORIQUE DE LA QUESTION.

Un pacte ou un engagement conclus avec un tiers à l'insu et au détriment de la partie principale et contractante, ont-ils quelque valeur en bonne justice et peuvent-ils faire autorité ? surtout si, d'un côté, il est démontré que ce tiers est un intrus dépourvu de droits et de titres, ou mieux, falsificateur de titres reconnus plusieurs fois faux et sans valeur aucune par le même juge qu'ils trompent aujourd'hui ; et si, d'autre part, la partie lésée produit les preuves et les arguments d'un droit sacré, ancien et imprescriptible, que penser si le plaignant n'est point un simple particulier, mais un État et tout un peuple ami ; et si le contrat qui les garantit, est international, solennel et historique? Voilà les premières questions que soulève l'existence d'une prétendue convention qui assignerait irrévocablement aux patriarches grec et arménien, la portion des Saints Lieux qu'ils possédaient en 1840.

Ensuite, comment l'occupation étrangère d'un pays pendant laquelle il ne se fit pas de changement, sous ce rapport, changerait-elle totalement la nature et la valeur des obligations contractées entre son ancien maître et la France? Après l'évacuation égyptienne, la Sublime-Porte se trouve, comme auparavant, liée aux capitulations, et ce n'est pas cet incident passager, qui peut annuler des traités consacrés par trois siècles, et ayant survécu à des événements plus critiques. Les déclarations et les assurances données contrairement à l'esprit et à la lettre de ces mêmes traités ne seraient valides et raisonnables qu'autant que les auraient acceptées les deux États contractants, avec information et examen. Or, pour notre compte, nous affirmerons que la France n'a pu et ne pourra jamais approuver une convention tacite, faite sans son consentement et par laquelle seraient sanctionnées des usurpations qui entraînent la perte de droits et de privilèges que l'amour de l'équité, la religion et l'honneur lui commandent de maintenir. Que les patriarches grec et arménien, après avoir surpris la bonne foi de la Sublime-Porte, s'accommodent de l'époque de 1840 et engagent à la fixer comme point de départ des réclamations; certes, nous le concevons aisément; un homme détenteur du bien d'autrui et en jouissant à son aise, est assez intéressé à invoquer le *statu quo*. Ce qui convient aussi un peu moins, nous l'avouons, à la victime de sa fraude.

Il reste maintenant à prouver que les religieux de Terre-Sainte sont véritablement les victimes d'un système d'usurpations continuelles, croissantes et si habilement déguisées, que les persécuteurs réussissent près de la Porte à se donner les airs de persécutés, et à paraître s'y défendre des complots d'exil et d'expulsion qu'ils méditent au contraire ouvertement contre leurs pacifiques adversaires. Les religieux catholiques ne veulent déposséder ni chasser personne, eux réduits purement à la défensive, en réclamant ce qu'ils ont perdu, et incapables, à raison de leur petit nombre, de recourir aux moyens d'intimidation ou de violence, lors même que la conscience et les habitudes d'une bonne éducation ne leur prescriraient point le respect d'autrui et d'eux-mêmes. Les religieux catholiques veulent pour tous, comme pour eux-mêmes encore, la liberté d'honorer des lieux si chers et si vénérables ; seulement ils pensent que chacun doit le faire à sa place et conformément à l'ordre, sans priver qui que ce soit des droits et des avantages de sa position.

Il est vrai, leur propre position a les avantages et les droits d'une antiquité qui se perd dans la nuit des temps, et d'une succession de continuité non interrompue jusqu'à nos jours. On se tromperait en croyant qu'ils ne s'établirent à Jérusalem qu'à l'époque des Croisades. Nous les y retrouverons bien auparavant, dès l'année 414 de l'hégire (1023). Ce premier témoignage de leur existence et de la protection des princes musulmans existe dans les archives du monastère de Saint-Sauveur à Jérusalem, et a été lu et vérifié par nous avec beaucoup d'autres[1]. Le sultan Mouzaffer y défend de molester les religieux *francs*, mot historiquement très-remarquable ici, puisqu'il prouve que les Européens étaient déjà désignés par ce nom générique avant la venue

---

[1] Le manuscrit a tous les caractères de son origine, soit à cause du style arabe dans lequel il est conçu, soit pour la forme des caractères dépourvus de tous points diacritiques, nous avons encore une autre pièce datée de 151 (1059).

des croisés; il ordonne aussi que les Juifs soient dis-
tingués d'eux par un costume particulier. Ces gardiens des sanctuaires, multipliés et consolidés sous
les rois chrétiens de Jérusalem, ne cessèrent point
de les occuper après la révolution qui mit fin à une
domination temporaire. Étrangers à toutes les com-
binaisons de la politique, ils n'en subirent point
les revers; disciples pauvres, charitables et résignés
de saint François, qui était venu lui-même en Palestine préparer leurs établissements, ils s'y sont
maintenus jusqu'à nos jours, à travers mille vicissi-
tudes qui n'ont pu lasser leur constance. Les sultans
d'Égypte et de Syrie les protégèrent dans l'exercice
de leur culte [1] jusqu'à l'an 1342, où l'un d'eux ayant

[1] À la date de 609 de l'hégire (après J.-C., 1212) un ordre du
sultan Akmed-Châh les autorise à jouir des sanctuaires anciennement possédés par eux, et quand ils sont cités devant la justice, à
ne payer qu'un médir (15 paras environ) à l'officier public qui
les y conduit.

Le sultan Omar, par une ordonnance de 610 (1213), permet la
réparation de l'église de Beitléhem, ce que fait par un autre acte
(720-1310) le sultan Akmed-Barcout. En 676 (1277), dans une
pièce non moins authentique, le sultan Akmed-Acheref déclare
que le Saint-Sépulcre, les habitations, la moitié du Calvaire, le
couvent du mont Sion, l'église de Beitléhem, avec la grotte de la
Nativité, sont la propriété des religieux francs. Les religieux possèdent encore des pièces de Daher-Bibars, de Daher-Tchaqmaq, de
Achref-Quaiplai.

contesté la propriété des sanctuaires, le roi de Sicile Robert et sa femme, la reine Sanche, les rache-
tèrent pour une forte somme d'argent, ainsi qu'il
résulte clairement de la bulle *gratis agimus*, publiée
alors par le pape Clément VI à Avignon.

Ce fait trop peu connu d'une acquisition véritable, contractée de souverain à souverain, par vente
et par achat publics, établit et garantit tellement la
propriété des religieux francs, que, d'après le sentiment unanime des publicistes, elle échappe ainsi
aux envahissements de la conquête; le conquérant
d'un pays ne pouvant jamais s'approprier, selon le
droit des gens, que les lieux communs ou publics, et
devant toujours respecter les biens particuliers. Nous
insistons sur ce principe, qui indique d'avance la
valeur de la raison donnée, en 1760, par le grand-
visir Raghib-Pacha à l'ambassadeur de France, pour
justifier l'acte arbitraire qui conférait aux Grecs cer-
tains sanctuaires enlevés aux religieux latins : « Ces
« lieux, dit-il, appartiennent au sultan mon maître,
« qui les donne à qui il lui plaît; il se peut qu'ils
« aient toujours été aux mains des Francs; mais au-
« jourd'hui S. M. veut qu'ils soient aux Grecs [1]. »
Examinons cette réponse, certainement impossible

---

[1] *Derechas legales*, par le P. Garcia. 1845, p. 35.

ou inadmissible aujourd'hui, mais qui ne cesse d'être reproduite par les Grecs et par les hauts fonctionnaires de la Porte gagnés ici à leur cause. Voyons combien elle est peu respectueuse de la foi des traités internationaux, et comme elle contredit d'une manière choquante des garanties reproduites dans la multitude de firmans, qui attestent : « Que les sanc- « tuaires sont aux religieux latins; qu'ils l'ont tou- « jours été; qu'ils sont achetés de leurs deniers, « sinon des legs pieux, et que les musulmans se « trompent, qui disent que ce sont des propriétés « ottomanes, parce qu'elles sont plus anciennes que « les conquêtes des Ottomans [1]. »

Ces paroles sont celles des sultans ottomans eux-mêmes, devenus maîtres de la Palestine, en 1515, par la conquête de Sélim I". Ayant trouvé les religieux francs propriétaires des saints lieux, chargés

---

[1] L'an 1013 (1604), une assemblée de tous les ulémas et cadis de la ville de Jérusalem décida, dans une pièce existante aux archives sous la lettre E, n° 9, que les biens des religieux leur appartenaient, en vertu des documents qu'ils tiennent d'un ordre rendu, en 956, sous le sultan Soleiman-el-Kamouni, et confirmé par les autres diplômes qu'ils tiennent des princes arabes, tels que Daher-Bibars, Mansour, Queladoun, Nacer-Mahommed et Nacer son frère, Achref-Cha'ban, Daher-Barcourt, Nacer-Ferrakh, Mouzaffer, El-Daher-Tatar, Saleh, Achref, Bersebai, Daher-Tchaqmaq, Achref-Ainal et Achref-Quaiptai.

de leur garde, mais inquiétés et menacés déjà par les moines grecs qui voulaient se mettre à leur place, ils furent contraints d'examiner les titres des deux parties, d'en peser la valeur et de se prononcer en notre faveur. Toutes les pièces furent présentées aux grands vizirs et aux divans par les ambassadeurs de France : ce sont les ordonnances, décrets, certificats délivrés, comme nous l'avons dit, en 414 (1023), par le sultan Muzaffer; en 609 (1212), par le sultan Akmed-Chàh; en 610 (1213), par le sultan Omar; en 720 (1310), par le sultan Akmed-Barcout; le contrat du roi Robert de Sicile, en 1342; en 800 (1397), la permission donnée par le sultan Daher, de réparer le Saint Sépulcre; celle de réparer l'église et le couvent de Beitléhem, concédée, en 850 (1446), par le sultan Akmed-Nacer; les jugements et témoignages favorables rendus, en 910 (1504), par le sultan Djaber, et par son successeur le sultan Adel; toutes ces pièces, disons-nous, encore subsistantes dans les archives du couvent Saint-Sauveur à Jérusalem, et pouvant être consultées et vérifiées de nouveau par un commissaire de la Porte, sont déclarées vraies, authentiques, et contenant des dispositions qui doivent être respectées et suivies, pour deux raisons : premièrement, parce que la justice l'exige; et, en second lieu, à cause de l'alliance qui unit depuis longtemps les souverains de la Turquie et de la France.

C'est le sultan Osman II qui s'exprime de la sorte dans le Hatti-Chérif donné l'année de l'hégire 1030 (1620) à l'ambassadeur de France, M. de Harlay-Sancy : « Étant informé, dit-il, que l'église de « Beitléhem est et a été anciennement dans les « mains des religieux francs ; que dans la partie su- « périeure de la même église, avec le consentement « des susdits religieux, la nation arménienne et les « autres nations chrétiennes ont un lieu particulier « pour les fonctions de leur culte ; que la partie « souterraine de la même église, dite lieu de la « naissance de Jésus-Christ (sur qui soit la bénédic- « tion!), est le lieu d'adoration des religieux francs, « et qu'ils ont des preuves remontant aux rois ara- « bes, qui montrent que les autres nations n'ont « point droit sur ce lieu, et ne peuvent y suspendre « des lampes ; et qu'après la conquête de la noble « Jérusalem, mon illustre aïeul sultan Soleiman- « Khan (qu'il repose en paix!) a accordé un Hatti- « Chérif afin que les susdits lieux appartiennent aux « religieux francs, conformément aux nombreux do- « cuments et ordres donnés par les juges du temps.

« . . . . Sachant
« que par le passé la nation grecque a eu des
« prétentions sur ces lieux, et qu'ils suscitèrent
« des contestations à ce sujet; mais que les Francs
« ont en main des pièces qui prouvent qu'ils sont,
« des temps anciens, possesseurs et gardiens des
« susdits lieux, dans lesquels les autres n'ont point
« à entrer; qu'ils sont encore maîtres de la coupole
« connue parmi les chrétiens comme celle du sé-
« pulcre de Jésus (à qui soit le salut!), bien que d'au-
« tres prétendent être admis à la possession et à la
« garde de la même coupole; que les religieux francs,
« conformément à l'antique usage, font leurs ser-
« vices et processions sur la pierre de l'Onction,
« située dans la même église où ils allument deux
« candélabres; ce qui ne fut jamais pratiqué par
« d'autres nations; que présentement la nation ar-
« ménienne dit : « Le supérieur des Francs nous
« a permis autrefois d'allumer un cierge dans ce
« lieu, et qu'à cause de cela ils prétendent et disent
« être associés à la possession du susdit lieu. » . .
« . . . . Considérant aussi que le
« roi de France est notre sincère ami depuis le
« temps de nos ancêtres, nous avons agréé ses re-
« présentations et ordonnons que les susdits lieux

« contestés soient, comme par le passé, propriété et
« possession des religieux francs, sans qu'ils soient
« inquiétés ou molestés par les Arméniens ou par les
« autres nations. Si les Arméniens ou d'autres mé-
« contents de cet ordre disaient : Nous avons dans les
« mains des ordres et des titres aussi ; s'ils voulaient
« de nouveau, contre mon commandement, usurper
« ou entrer en litige au sujet des lieux susdits ap-
« partenant à la nation franque, vous ordonnerez
« que les religieux francs soient comme auparavant
« mis en possession de ces lieux. . . . . . .
« . . . . '. » « Donné au palais de
« Daoud-Pacha, mois de Djemadi-el-Akhez, 1030. »

Pour comprendre mieux cette pièce importante, il
faut savoir, d'après la chronique[2] contemporaine, que
le patriarche grec avait horriblement calomnié les
religieux francs près de la Porte, les accusant de

---

[1] Ce firman, précédé d'un autre relatif à la même affaire et portant la date de 1016 de l'hégire, est déposé dans les archives de
l'hospice de Terre-Sainte à Constantinople. Là se trouvent encore
les firmans obtenus en 1026 et 1030 par l'ambassadeur de France,
qui prouvent non moins fortement les droits des religieux. L'an
1033 le représentant de la République de Venise usa de son crédit
également pour obtenir un autre firman existant dans les mêmes
archives.

[2] Patrimonio serafico, lib. III, cap. XXIV, § 237-264, p. 318.

convertir les siens pour en faire des soldats francs et reprendre Jérusalem; que de Beitléhem à Jaffa, c'est-à-dire sur une étendue de pays de 12 lieues de rochers et de montagnes, les religieux avaient creusé un souterrain pour introduire de la poudre et des armes dans leur couvent, représenté aussi comme une forteresse; que l'évêque arménien Grégoire avait donné 20,000 ghazis (pièces de cinq francs) pour obtenir le droit de placer un chandelier sur la pierre de l'Onction; que lui et son drogman Khodaverdi avaient proféré d'indécentes injures contre S. M. le roi de France. C'est pour cela que le même firman du sultan Osman II contient la clause finale que l'évêque susdit perdra son évêché, et son drogman sera exilé s'ils se laissent encore aller à des actes aussi inconvenants.

Qu'on se reporte à l'année 1619-1620 de ce firman, c'était plus de cinquante années avant la première capitulation (1673) qui reconnaît à la France le droit formel de protection sur les Lieux Saints, et cependant la Porte[1] convaincue déjà de ce droit, comme

---

[1] M. de Harlay-Sancy se conduisit dans cette négociation avec autant de zèle que de fermeté, et, comme le grand vizir lui faisait observer, qu'il ne devait se mêler que des affaires relatives au commerce, il répondit : « Le roi n'estime pas autant les soins

de la justice des réclamations des religieux, rend cet ordre, constatant que les sanctuaires de Terre-Sainte sont depuis la plus haute antiquité propriété et possession de la nation franque. Cette déclaration est confirmée par une multitude d'autres qui se succèdent sans interruption, comme nous allons le voir; et cependant ces mêmes lieux sont aujourd'hui livrés aux autres nations, sans que, dans quelques-uns, les catholiques y puissent même célébrer le service divin.

On croirait qu'après un commandement impérial si explicite, les religieux francs restèrent en possession de leurs sanctuaires, et que les autres nations ne cherchèrent plus à les usurper; fausse attente; le désordre des guerres qui agitent le XVIIe siècle, l'avidité des gouverneurs de Damas et de Jérusalem qui trouvaient un intérêt à susciter et à entretenir les contestations parmi les différentes communautés chrétiennes, la vénalité des membres du Divan suprème de Constantinople, les intrigues des drog-

----

« que je puis prendre en cette Cour pour son service royal et
« temporel, ni les plus précieux avantages de ses sujets dans le
« commerce de ces pays, que la grande attention avec laquelle je
« dois m'appliquer à ce que les religieux francs conservent la
« garde des Saints Lieux de notre vénération. » Patrim. serafico. Ibid.

mans de la Porte, communément Grecs de nation, étaient autant d'éléments de discordes et de procès interminables où se perd aisément celui qui ne tient pas en main le fil conducteur des événements. Dans la lutte qui recommence, les Arméniens sont secondés et même effacés par les Grecs qui, déjà, ayant eu le temps de faire oublier aux Ottomans qu'ils sont la dernière race vaincue de leur empire, se mêlent aux affaires publiques, influent dans les conseils, et cherchent à réveiller leur esprit national. La reconstruction, du moins nominale, de l'ancienne église orientale leur paraît le moyen le plus sûr d'arriver à ce but, et ils songent à relever les patriarcats de Jérusalem, d'Antioche et d'Alexandrie, où, depuis des siècles, l'occupation arabe leur laissait un non moins facile accès. Ils vont agir désormais sous le patronage du pouvoir qui les a réduits. Pour se le concilier, ils le séduisent, le flattent et l'indisposent perfidement contre ceux qu'ils appellent étrangers et usurpateurs de leurs Saints Lieux, les accusant sans cesse de conspirer avec les puissances d'Occident, engagées dans des guerres avec la Turquie, et de leur préparer les voies du retour à Jérusalem. Cette dénonciation terrible pour ceux qu'elle calomnie, n'a trouvé que trop souvent consistance et crédit dans les Conseils de la Porte, et à la rigueur dont elle use* envers les religieux francs, et à la partialité qui depuis quatre-vingts ans éclate dans ses ordonnances et dans ses actes, il paraît bien qu'elle reste sous l'impression de cette crainte ou de ces soupçons habilement entretenus par ceux à qui seuls ils profitent. En outre, les Grecs répètent au pouvoir ottoman que, si les religieux francs ont des titres de propriété remontant aux dynasties arabes, eux, Grecs, en ont d'antérieurs, puisqu'ils sont les anciens sujets de l'empereur Constantin et de l'impératrice Hélène, dont la munificence et la charité ont restauré le Saint-Sépulcre et les autres sanctuaires. Ce sophisme historique, spécieux pour des musulmans peu en état de juger l'orthodoxie chrétienne et pouvant ignorer que Constantin appartient plutôt, par l'origine, la foi et la langue, à l'Occident qu'à l'Orient où il jeta seulement les fondements d'une nouvelle capitale; que

---

* Ainsi la permission de bâtir ou de réparer les bâtisses ne leur est accordée que difficilement et après des demandes réitérées, difficultés que le Gouvernement ne fait ni aux Grecs, ni aux Arméniens, dont les couvents sont plus nombreux, plus beaux, plus spacieux que ceux des religieux latins, qui vivent à l'étroit, sans avoir à Jérusalem, ni à Beitléhem, d'église suffisante pour le nombre croissant de leurs fidèles.

les grecs du Bas-Empire n'ont rien de commun avec la race syro-romaine, occupant alors la Palestine, la Phénicie et la Syrie ; qu'ils prêterent seulement leur langue à la liturgie de quelques églises de ces contrées, et que si de leurs religieux se trouvèrent associés à ceux des autres nations de la chrétienté, dans l'office de garder les Saints Lieux, ils jouirent de cette faveur jusqu'au IX° siècle, comme membres de l'église catholique ; séparés d'elle par le schisme de Photius, ils perdirent ce privilége conféré régulièrement par les Pontifes de Rome [1].

De fait, on ne trouve le nom des Grecs, ni leur présence, mentionnés sous aucun des princes dominants durant ces siècles sur la Palestine, tandis que l'ordonnance précitée de Muzaffer désigne clairement les Francs.

Les Grecs ont si bien compris, dès le principe du débat, le désavantage de n'avoir aucun titre historique antérieur à celui des Francs, qu'ils ont eu recours à une industrie qui leur est trop habituelle,

---

[1] C'est ainsi qu'en 1238 le pape Grégoire IX investit les Frères-Mineurs de la garde des Sanctuaires. Avec cette bulle on peut encore citer celle d'Innocent IV en 1244, d'Alexandre IV en 1237, de Clément VI en 1310, de Martin V en 1437.

celle d'en fabriquer [1]. Nous allons en donner les preuves, tirées encore des paroles des sultans eux-mêmes. Unis aux Arméniens, les Grecs demandent, en 1630, aux religieux latins de Bethléhem la permission de bénir du pain à l'autel de la Nativité. C'est toujours de la sorte qu'ils procèdent; la moindre concession sur un sanctuaire leur fournit bientôt le prétexte de s'en emparer. Ainsi un clou est fiché à la muraille; le lendemain ils y attachent un tableau, plus tard une tapisserie, signe convenu ici de la propriété; ou bien encore ils demandent la permission de suspendre une lampe à une voûte, de poser un chandelier sur un autel; au bout de quelques années la concession est devenue droit, et le droit prouve, selon eux, la copropriété du lieu, jus-

[1] Photius, premier auteur du schisme grec, a donné ce scandaleux exemple en fabriquant les actes d'un concile œcuménique tout entier. Le pape saint Grégoire accusait déjà les Grecs d'avoir altéré les actes du concile de Chalcédoine, et Nicolas III affirme que ses lettres ont été changées par l'empereur Michel, selon la coutume grecque (S. Gregor. Epist. 14 ad Narsem. Nicolo I Epist. ad Michael imper.). Il est malheureusement trop probable qu'ils ont changé, dénaturé, ou supposé nombre de firmans qu'ils ont entre leurs mains aujourd'hui. Les fonctions de drogman et de secrétaire les servaient merveilleusement dans ces opérations; cependant lorsqu'un homme est convaincu, non pas seulement d'un faux, mais repris plusieurs fois en récidive, quelle confiance et quel crédit ses titres peuvent-ils mériter près des juges?

qu'à ce qu'ils aient trouvé l'occasion de se l'adjuger tout entier [1].

Il est difficile de résister à cette mauvaise foi, prête à user de tous les moyens, provocatrice de rixes, toujours plaignante, grossissant ou rapetissant les faits selon son intérêt, subornant les témoins, achetant les juges à Jérusalem et corrompant les autorités à Constantinople. Les annales de Terre-Sainte fourmillent de ces exemples, qu'il serait trop long d'énumérer; quelques-uns suffiront pour faire comprendre qu'un placement ou déplacement de chandeliers, de tableaux, de tapis, jugés au loin comme une dispute puérile et ridicule, n'ont malheureusement que trop de signification sur les lieux, parce que c'est la reprise d'armes qui ne peut cesser dans l'idée des agresseurs qu'avec l'occupation totale et le départ de nos religieux.

Mais revenons au sanctuaire de Beitléhem. La permission de bénir le pain sur l'autel de la Nativité est accordée, ou mieux, décrétée par le gouverneur de Jérusalem, qui fait payer largement cette

[1] C'est ainsi qu'ils ont envahi l'église de Beitléhem, la chapelle du tombeau de la sainte Vierge, la partie supérieure de l'autel de la Nativité dans la chapelle souterraine de Beitléhem; c'est de la sorte qu'ils sont entrés dans le Saint-Sépulcre et qu'ils ont partagé la propriété de la pierre de l'Onction.

faveur; l'année suivante. les Arméniens apostent cinq faux témoins musulmans, qui déposent juridiquement que le jardin situé à l'orient de l'église et une clef des deux portes de la chapelle souterraine de la Nativité appartiennent aux Grecs. Heureusement le cadi eut encore la conscience d'avertir les Pères que 18,000 pesas, ou écus d'Espagne, étaient offerts par leurs adversaires; mais qu'étant convaincu de leur droit, il prononcerait en leur faveur, pourvu qu'ils lui donnassent la moitié de la somme. Les Pères durent accepter la condition. Mais bientôt une véritable persécution est suscitée contre eux : on les accuse de convertir les chrétiens du pays au catholicisme pour ramener le règne des Francs; l'un d'eux, sur le chemin de Beitléhem, est traîné à la queue du cheval d'un janissaire au milieu des applaudissements des Grecs et des Arméniens; le gouverneur de la ville veut les exterminer tous, et ils n'échappent au massacre que par la fuite. Alors les schismatiques s'emparent de la crèche, de la pierre de l'Onction et d'autres sanctuaires. Mais les ambassadeurs de France et de Venise étaient informés de ces faits par le P. Antonio Vasquez, qui avait pu parvenir à Constantinople, après un voyage long et pénible entrepris au milieu de l'hiver. M. du Harlay, comte de Cézy, obtint, avec le représentant de la république de Venise, deux firmans, où il est dit[1] : « Que la préséance dans les cérémonies ; le Saint-Sépulcre, ses deux coupoles, petite et grande, la pierre de l'Onction, et toute l'église de Bethléhem, appartiennent aux religieux catholiques ; que la nation grecque s'est servie de faux témoignages ; qu'elle a ouvert, sans aucun droit, deux portes méridionales à ladite église ; que les trois clefs de l'ancien portail et des deux petites portes encore existantes de la chapelle souterraine sont aux Francs, et que les Grecs s'en sont emparés par de fausses preuves ; que leur prétendu firman d'Omar-Ben-Khatab est inventé par eux, controuvé, falsifié, et que la propriété de ces lieux est de toute antiquité aux catholiques[2]. »

Arrêtons-nous un instant à ce document d'Omar, le premier conquérant musulman de Jérusalem, peu de temps après l'hégire. Les Grecs ont toujours l'impudence de le représenter comme leur titre capital et le plus précieux, bien que sa fausseté ait été plu-

---

[1] Déposé au commissariat de Terre-Sainte à Constantinople, sous les dates de 1030 et 1033 de l'hégire.

[2] Nous ne rapportons pas ici le texte qui est non moins expressif. Voy. les pièces ci-dessus indiquées.

sieurs fois prouvée juridiquement et scientifique-
ment. En 1790, le patriarche grec de Jérusalem
l'offrit à l'amiral Sydney-Smith, qui, n'en soupçon-
nant point la fraude, l'a livré à la publicité [1].

Depuis il a été reproduit comme document historique et réel dans un ouvrage estimé de jurispru-
dence [2]. Le patriarche grec actuel le montre encore
avec complaisance au pacha de Jérusalem et aux
juges; tous sont émerveillés de cette pièce, laquelle
ne contient rien pourtant, car elle affirme seulement que les Grecs étaient à Jérusalem au temps
d'Omar. Si l'antériorité d'existence, sans autres titres, faisait tout le droit, à ce compte nous devrions
tous céder la place aux Juifs. Mais le pacha et les
juges ignorent que le caractère de l'écriture prouve,
à lui seul, la contrefaçon; car, s'il avait les formes
koufiques du temps qu'on lui assigne, ils ne pourraient en déchiffrer une ligne.

Par malheur encore, il en existe plusieurs copies,
dont les unes donnent au patriarche le nom de Zéphirinus [3], et les autres celui de Sophronius. L'en-

---

[1] *Journal des Voyages,* t. XI, p. 259.

[2] *Manuel des Consuls,* par Alexandre de Miltitz. Londres et Ber-
lin 1837, t. I, p. 500.

[3] Dans la pièce publiée par Miltitz il s'appelle de la sorte ; dans

voyé de la Porte, Hassan-Aga, venu à Jérusalem
pour l'enquête qui suivit le firman de 1630, insiste
dans son long rapport [1] sur cette odieuse falsification, disant que le firman attribué à Omar est
faux, inventé, et que les prétentions n'en sont pas
admissibles.

Cependant, dès 1632, sous l'ambassade de M. de
Gournay, comte de Marcheville, les Grecs avaient
ranimé la querelle, s'appuyant sur le crédit de la
sultane mère, d'origine grecque. Le grand vizir
avait eu la faiblesse d'accepter d'eux 20,000 écus [2],
et les religieux ne purent suspendre l'arrêt qui allait
les frapper, qu'en lui en donnant 8,000 d'à-compte,
avec la promesse de 14,000 autres, s'il voulait re-
voir équitablement le procès. Mais le vizir partit
pour la guerre de Perse, et son lieutenant, ou
quaimaquam, gagné aussi, accueillit favorablement les pièces et réclamations des Grecs; en vain
les ambassadeurs de France, d'Autriche et de Ve—

celle que les Grecs présentèrent en 1690 au sultan Soleiman II, ils
avaient adopté par mégarde la variante Sophronius, comme nous
le verrons.

[1] Ce rapport est plutôt un inventaire détaillé de tout ce que possèdent les religieux latins, et qui prouve la multiplicité de spoliations successives dont ils ont actuellement à se plaindre.

[2] Patrim. seraf., p. 139.

nise, patrons et avocats généreux de Terre-Sainte, opposèrent avec les titres obtenus des princes arabes, le contrat de vente fait par l'un d'eux à Robert, roi de Sicile, la possession de 330 années, et le contre-poids de leur influence politique : la vénalité avait chassé la justice du divan, et les janissaires, poussés par le patriarche grec, excitaient des séditions et des mouvements populaires qui intimidaient le gouvernement. L'ambassadeur de France fut assiégé plusieurs fois dans son palais par les émeutiers du patriarche grec, réunis aux turbulents *Ortas*, ou compagnies des janissaires; on le menaçait du feu; des cris de mort étaient mêlés à de grossières insultes, et le domicile du représentant de Venise ayant été même violé et forcé une fois, le principal drogman fut pendu à son balcon. Peu de temps après un drogman de l'ambassade de France fut empalé à l'instigation de ces fanatiques, et les trois représentants du roi très-chrétien, de l'empereur apostolique et du doge, furent incarcérés et tenus aux fers plusieurs jours.

Le sultan Mourad IV adjugea donc l'église de Beitléhem, la crèche, les jardins et la pierre de l'Onction aux Grecs; il défendit aussi qu'aucun d'eux ne se fît catholique, trompé par la banale accusation répétée encore aujourd'hui, que ceux qui embrassent la religion des Francs veulent s'exempter de l'impôt et se soustraire à son obéissance.

Mais l'archidiacre Grégoire, irrité de la perte d'une somme d'argent que lui avait retenue son oncle, le patriarche de Jérusalem, vient à Constantinople se plaindre et demander sa déposition. Sur ces entrefaites, les idées de la première éducation qu'il avait reçue à Rome se réveillent dans son âme troublée de remords, et il forme la résolution de rentrer dans l'Église catholique dont il avait rejeté la foi. Il se réfugie donc à l'hospice de Terre-Sainte, situé à Péra, et se croit obligé pour la paix de sa conscience à révéler des secrets importants en présence des trois ambassadeurs de France, d'Autriche et de Venise. Ils se réunissent dans la chapelle de l'hospice avec les religieux, et là, l'archidiacre confesse : 1° qu'il est l'auteur de l'imposture du document présenté au divan sur une prétendue visite de Mahomet à Beitléhem, où il aurait déjà trouvé les Grecs et allumé une lampe au sanctuaire de la Nativité en l'honneur de J.-C.; que le texte du vieux manuscrit, falsifié par lui, portait le nom général de Chrétiens (Naçara) et qu'il y a substitué celui de Grecs (Roumi); 2° que le manuscrit turc présenté en même temps au vizir et attestant que le sultan Sélim, lors de la conquête de Jérusalem, avait concédé les Lieux Saints au patriarche grec, était une autre falsification, facile du reste à vérifier, puisqu'au lieu du nom du vrai patriarche existant à cette époque, il avait par mégarde inséré celui de Théolane; 3° que le kyayo ou majordome du capitan-pacha suborné pour 2,500 écus, avait présenté le firman à signer, au moment où le Grand-Seigneur, pressé de sortir et montant à cheval, n'avait pas le temps de l'examiner.

Alors les ambassadeurs transmirent au grand vizir cette déposition, dont il fut aisé de reconnaître l'exactitude. En conséquence, le sultan Mourad IV révoqua le firman concédé aux Grecs, et on fit rédiger un autre le 14 du mois de cherval 1045, par lequel sont restitués aux religieux francs : les deux coupoles du Saint-Sépulcre, la pierre de l'Onction, les sept arceaux de la sainte Vierge, l'église de Beitléhem et la grotte de la Nativité avec trois clefs, les jardins dépendant de l'église; on ajouta à l'ordre la défense d'inquiéter jamais à ce sujet les religieux [1].

Le *moubachir* ou inspecteur envoyé à cette occa-

---

[1] L'original de ce firman est dans les archives de l'hospice de Terre-Sainte, à Péra, portant la date susdite de 1045.

sion, Moustafa-Aga fit un long rapport annexé au firman précédent et qui le confirme en tous points[1].

Qui croirait que deux ans après, sous le même sultan Mourad, les Grecs eurent l'audace de représenter leurs fausses pièces, profitant de l'ignorance d'un nouveaux vizir et aplanissant toutes les voies par leurs *richerets* ou dons corrupteurs. La chronique va jusqu'à nous apprendre que, dans cette circonstance comme dans d'autres, leurs femmes et leurs filles furent chargées de disposer favorablement les écrivains des bureaux et les hauts fonctionnaires[2]. En 1637 sort donc un nouveau firman contradictoire qui les autorise à reprendre les lieux contestés.

A l'avénement du frère de Mourad IV, le sultan Ibrahim, les Grecs firent renouveler et confirmer ce firman que nous allons voir être annulé et révoqué de nouveau. Voilà la base ruineuse et le point de départ de tous leurs titres ; il est facile de saisir là le premier anneau de la chaîne des pièces qu'ils ont eu la coutume de faire légaliser à chaque changement de règne, et qui, tout en ayant l'apparence d'une masse imposante de papiers et de documents, ne

[1] L'original est également dans le monastère de Terre-Sainte, à Péra, sous la même date de 1615.
[2] Patrim., ibid., p. 139.

sera pour l'œil vérificateur et appréciateur du droit, qu'une série de chiffres posés à la suite d'un zéro.

Non contents d'avoir pris l'église de Bethléhem, ses jardins, la grotte de la Nativité, les deux coupoles du Saint-Sépulcre, la pierre de l'Onction, et les sept arceaux de la sainte Vierge situés dans la même église, ils voulurent aussi s'emparer de la chapelle souterraine de la Mère de Dieu, située hors des murs de la ville, au pied du mont des Oliviers, et dans laquelle est son tombeau. Pour cela ils inventèrent une calomnie digne d'eux, à savoir : que les religieux francs avaient dérobé le corps de la sainte Vierge et qu'ils l'avaient vendu au Pape pour une grosse somme d'argent. Cette ineptie, qui paraît aujourd'hui à peine croyable, fut pourtant l'objet d'une enquête sérieuse, à la suite de laquelle M. l'ambassadeur de La Haye (Denis) obtint, en 1666, un firman[1] qui relève et blâme la malice et les mensonges des Grecs, et où l'on ordonne que les catholiques rentrent en possession de cette église qu'ils possèdent depuis plus de 360 ans. Et pourtant à la fin du dernier siècle, après les capitulations qui viennent maintenant confirmer cette propriété, les Grecs ont encore réussi à l'usurper, et ils la retiennent à l'heure

[1] A la date de 1066 de l'hégire. Ibid.

qu'il est, sans permettre même aux prêtres catholiques de célébrer sur un tombeau nôtre, pendant cinq cents ans, et qui nous est toujours si cher !

Les Grecs se maintiennent dans leurs autres usurpations jusqu'à l'année 1673, où, dans le renouvellement des capitulations, M. de Nointel sauvegarde heureusement les droits des religieux par l'insertion de l'article 33 : « Les religieux francs qui, suivant l'ancienne coutume, sont établis au dedans et au dehors de la ville de Jérusalem et dans l'église du Saint-Sépulcre appelée Qyamet[1], ne seront point inquiétés pour les lieux de pèlerinage[2] qu'ils habitent et qui sont entre leurs mains, lesquels resteront encore entre leurs mains, comme ci-devant, sans qu'ils puissent être inquiétés à cet égard. »

Ces mots : *En dehors et au dedans de la ville de Jérusalem........ lesquels resteront encore entre leurs mains, comme ci-devant, sans qu'ils puissent être in-*

[1] Nous écrivons ici le véritable mot : Résurrection (*qyamet*), auquel on ne doit plus laisser substituer, par une irrévérence musulmane, injurieuse à l'honneur chrétien, et contraire à la tolérance actuelle, le nom de (*komamo*), qui signifie *immondices* ou *ordures*. C'est au ministère français des affaires étrangères à veiller à cette satisfaction qu'exige notre foi, comme la simple politesse, et c'est à nos ambassadeurs de Constantinople à maintenir cette correction.

[2] La traduction officielle porte le nom de Visitation, mot qui n'est pas français, ainsi que beaucoup d'autres.

quiétés à cet égard, deviennent une charte obligatoire pour la bonne foi de la Porte et pour l'honneur de la France qui a accepté la charge officielle de protéger les Lieux Saints. Voilà la pierre angulaire de notre droit, contre laquelle se briseront éternellement la fraude, l'injustice ou la violence.

Que si, suivant ce qui a été dit antérieurement, il restait encore à quelqu'un des doutes sur la légitimité des possessions appartenant aux religieux avant comme après la conquête ottomane, et sur l'illégitime occupation des Grecs, la Sublime-Porte se chargera, à notre place, de résoudre la question par un jugement solennel et vraiment définitif, comme aussi par la réparation éclatante et complète qu'elle accorde aux catholiques, dépouillés successivement de tous leurs sanctuaires, même du Saint-Sépulcre.

En 1676, M. de la Vergne de Guilleragues, par ordre de Louis XIV, reprend vivement à ce sujet des négociations que la mort ne lui permit pas de terminer. M. de Girardin, son successeur, était arrivé aux limites de la conclusion, lorsqu'un enchaînement de guerres extérieures et des agitations politiques, marquées par les fréquentes dépositions de vizirs, firent encore traîner l'affaire jusqu'à sa mort. La gloire de ce succès diplomatique était réservée à l'illustre ambassadeur M. de Castagnères de Châteauneuf, digne de Louis-le-Grand et ayant aussi à traiter avec un vizir grand et digne, le célèbre Kupruli, homme qui relevait toutes ses qualités civiles et guerrières par celle du désintéressement, vertu qui facilite de semblables négociations et que nous avons droit de demander au moins aux ministres actuels de la Porte.

Un divan impérial fut convoqué, Kupruli y avait appelé l'ambassadeur de France et le patriarche grec. Celui-ci, accompagné d'une troupe de moines, allégua contre les raisons calmes et solides de M. de Châteauneuf des subterfuges si pitoyables et tellement assaisonnés d'injures contre les Francs, que le grand vizir fut obligé de mettre les Grecs à la porte à coups de bâton.

Cependant, pour éviter le reproche de partialité, il différa le jugement et la sentence à huitaine, afin que les deux parties pussent y apporter leurs preuves dernières et concluantes : à cette seconde assemblée assistaient le chef des émirs, les grands juges de Roumélie et d'Anatolie, et tous les ulémas les plus estimés de la capitale. Le patriarche grec fut réduit à reproduire une variante de la fable du firman d'Omar-Ben-Khatab, conçue en ces termes :

« Quinze ans après la mort de Mahomet, Omar, fils de Khatab, conquérant de Jérusalem, y avait créé patriarche un certain Sophronius[1], et qu'il l'avait établi sur le haut du mont des Oliviers, comme supérieur et chef de tous les chrétiens de son empire. » L'assemblée, qui ignorait malheureusement que trois fois déjà les sultans avaient déclarée fausse et vaine cette plate invention, eut cependant le scrupule d'examiner la pièce, et sa rédaction ainsi que la forme des caractères les convainquirent aussitôt de l'imposture grecque. Trois jours après, l'ambassadeur de France reçut la joyeuse nouvelle que cette fois la Porte avait jugé selon la justice. A la tête de tous les religieux et de la population catholique il alla remercier Kupruli, qui lui fit donner la pelisse d'honneur et le firman de restitution.

Ce jugement, rendu le 20 avril 1690 (1101 de l'hégire), s'appuie sur le firman du sultan Mourad IV (1045), antérieur aux capitulations, et remet les religieux francs en possession de tout ce qu'ils possédaient alors[2], c'est-à-dire des deux coupoles du Saint-

---

[1] Personnage si authentique, que d'autres copies du même prétendu firman l'appellent Zéphirinus, comme nous l'avons remarqué plus haut.

[2] L'hospice de Terre-Sainte, de Péra, possède deux copies de ce Hatti-Chérif dans ses archives.

Sépulcre, de la moitié du Calvaire, des sept arceaux de la sainte Vierge, de la pierre de l'Onction, de la grande église de Beitléhem, des jardins et des cimetières à elle attenants, de la chapelle souterraine de la Nativité avec les trois clefs [1], possessions que réclament précisément aujourd'hui les mêmes religieux, parce qu'elles sont leur patrimoine et héritage, et que l'usurpation des Grecs que nous verrons bientôt se renouveler ne peut prescrire contre un droit si manifeste. La Porte prouva assez par cet acte qu'elle ne reconnaît pas de prescriptions contre une propriété retenue sans bonne foi dans l'injustice, puisque la grande église de Beitléhem, qu'elle nous restitua alors, était restée cinquante-huit ans entre les mains des Grecs, et le Saint-Sépulcre quatorze années.

Cette restitution mémorable, opérée dans l'intervalle des deux capitulations de 1673 et 1740, qui con-

---

[1] Si le tombeau de la sainte Vierge n'est pas mentionné là, c'est que les religieux de Terre-Sainte en étaient redevenus les paisibles possesseurs depuis le firman obtenu, en 1066, par les soins de M. de La Haye (Denis). Il est bien clair que ce sanctuaire, auquel nous ne pourrons jamais renoncer, est compris implicitement dans le Hatti-Chérif de 1690 (1101), puisque ce Hatti-Chérif s'appuie sur le firman du sultan Mourad (1015), firman antérieur à l'usurpation passagère du virginal tombeau.

sacrent l'une et l'autre la possession de tous les sanctuaires appartenant anciennement et occupés à cette
époque par les religieux francs, est la règle qui doit
guider aujourd'hui la Porte et la France dans la révision devenue nécessaire, et urgente, de la question
des Saints Lieux. Il n'y aurait point eu restitution
en 1690, si des titres antérieurs et irréfragables n'a-
vaient été possédés par nous et reconnus tels par le
gouvernement ottoman. Or, la possession des sanctuaires et lieux restitués s'est prolongée victorieuse
des attaques et des contestations des Grecs jusqu'à
l'année 1757 (1170), c'est-à-dire dix-sept ans après
le renouvellement des capitulations sous le marquis
de Villeneuve (1740). M. le comte de Vergennes ga-
gna son titre d'ambassadeur par l'obtention d'un
firman [1] qui, nous ne savons pourquoi, ni comment, est notre dernier titre complet et la dernière
protestation contre l'injustice et l'arbitraire. Tout ce
qui a été fait en deçà, soit d'empiétements ou d'u-
surpations sur les sanctuaires ci-dessus désignés des
catholiques, est une violation flagrante des capitu-

[1] L'original avec une copie est entre les mains du commissaire
de Terre-Sainte, à Péra. La pièce qui m'instruit de ce fait lui
attribue à tort, nous pensons, la date de 1169; car l'exemplaire
que nous avons ici a celle de 1170.

lations qui les garantissent, et nous ne savons encore pourquoi ni comment la France et la Porte l'ont permis et le tolèrent.

Une fois que deux gouvernements sont liés par des traités si solennels et si positifs, il ne peut y être dérogé que par des actes de même nature spécifiant cette dérogation. Or, nous ne sachions pas qu'il en existe; donc la partie intéressée à réclamer l'accomplissement entier du traité est non-seulement dans son droit de le faire, mais nous soutenons même qu'elle ne peut pas s'en dispenser, autant pour son honneur propre que pour celui de l'autre partie contractante; car on en conclurait nécessairement que celle-ci parjure sa parole, et que celle-là n'a plus la force de soutenir son droit.

Le firman de M. de Vergennes est clair, expressif, énergique [1]; il flétrit encore une fois l'imposture du firman attribué à Omar; il s'appuie sur les chartes anciennes, sur les capitulations des sultans avec la France, et reconnaît comme propriété des catholiques les deux coupoles surmontant le Saint-Sépulcre, les sept arceaux voisins de la sainte Vierge, la

[1] Ce firman peut être examiné aux archives des Pères de Terre-Sainte, à Galata, il s'y trouve à la date de 1170.

pierre de l'Onction, l'église supérieure de Beitléhem, sa grotte de la Nativité et les trois clefs, me-
naçant de punitions sévères les Grecs s'ils contre-
venaient au commandement impérial.

Nous possédons une autre pièce, obtenue par le
même ambassadeur et non moins précieuse : c'est la
permission de réparer la chapelle souterraine de la
sainte Vierge, son tombeau, les voûtes et la porte,
parce que, dit le vizir, les capitulations attestent que
ce lieu de pèlerinage est la propriété des Francs [1]. Tandis que la même année le gouvernement ottoman ren-
dait le témoignage aux religieux latins qu'ils étaient
fidèles et pacifiques exécuteurs de ses ordres [2], les
Grecs commettaient un acte de violence et d'agres-
sion qui devait lui prouver le contraire. Le 2 avril
1757, plusieurs milliers de leurs pèlerins se jettent
au commencement de la nuit sur le magnifique autel
que, durant la Semaine sainte, les religieux dres-
sent annuellement à la porte du Saint-Sépulcre, et
que décorent les lampes, les vases d'or et d'argent,
gages de la piété des souverains catholiques. Ils le
renversent, le pillent et vont aussitôt chez le cadi

[1] Voyez aux mêmes archives cette lettre vizirielle, portant également la date de 1170.
[2] Dans les mêmes archives, pièce portant la date de 1171.

accuser les Francs d'avoir provoqué cette rixe. Le cadi, effrayé, leur donna cette déclaration, qu'il démentit ensuite [1], et l'ambassadeur, instruit de la vérité des faits, demanda la réparation du délit. Raghib-Pacha était alors grand vizir; homme capable, mais avide, il était tellement redevable aux Grecs, que non-seulement il étouffa l'affaire, mais il leur concéda bientôt le firman qui les mit en possession des sanctuaires dont nous déplorons la perte, savoir : la chapelle souterraine de la sainte Vierge et son tombeau que les religieux catholiques venaient de réparer à grands frais par ordre du même gouvernement, qui attestait et confirmait leur droit de propriété; la petite coupole du monument qui couvre le saint sépulcre de Notre-Seigneur; la grande église de Beitléhem et une clef de la grotte de la Nativité, avec la permission d'y célébrer l'office de leur liturgie.

Nous avons rapporté plus haut la réponse que Raghib-Pacha donna de sa conduite : « Ces lieux appartiennent au sultan, mon maître; il les concède à qui il lui plaît; il se peut qu'ils aient été toujours

---

[1] Cet Ilam du cadi est dans les mêmes archives de Péra, à la date de 1170.

aux mains des Francs, mais aujourd'hui S. M. veut qu'ils soient aux Grecs. » Cette raison, prêtée peut-être gratuitement par le ministre à son maître, n'en est plus une sous le règne réformateur de S. M. Ab-d'ul-Medjid, gouvernant et administrant avec les principes de l'éternelle équité et non pas selon la capricieuse théorie du bon plaisir. Ces sanctuaires perdus, ont été cent fois nommés et reconnus biens propres et propriété des Francs; nos religieux en ont été pendant des siècles les gardiens; ils les ont entretenus, réparés, rachetés à plusieurs reprises, non pas seulement au poids de l'or, mais nous pourrions dire aussi de leur sang, puisqu'en 1637 ils comptaient déjà parmi eux deux cent vingt-neuf victimes de la persécution et de l'intolérance; et la France s'est portée garante des traités qui leur en assurent la perpétuelle possession !

Si après la mort de Raghid-Pacha, arrivée en 1762, les guerres, les révolutions et les autres préoccupations dans lesquelles la Turquie et la France furent successivement engagées, ont fait perdre de vue la question aux deux gouvernements, les temps actuels, ère nouvelle et pacifique du droit et de la raison, invitent à la reprendre, à l'examiner impartialement, sous ses véritables faces, et à la rectifier; les années ne l'ont point changée, ni obscurcie; pour la comprendre, il suffit d'un peu d'attention et de bonne volonté. Un jugement motivé peut seul fixer invariablement la position des parties, et prévenir les contestations sans cesse renaissantes. La France d'ailleurs ne demande rien en cela à la Porte, qui ne soit conforme aux capitulations, et la preuve que la Porte est toujours disposée à les observer, c'est qu'en 1802, sous le maréchal Brune, ambassadeur de la République, elle réintégrait, sur sa demande, les religieux dans la possession de la grotte de Getsémani, voisine de l'église souterraine du tombeau de la sainte Vierge, et arrosée de la sueur de sang, que fit couler la pensée des iniquités passées et futures des hommes.

Si la Porte ne se sent point un intérêt direct à cette cause, si jusqu'à présent elle l'a considérée avec indifférence et dédain, peut être comme une querelle de chrétiens, elle doit savoir aussi que cette froideur et cette négligence, cause des ordres contradictoires, évasifs ou ambigus, qui ont encouragé dans le dernier siècle la mauvaise foi et l'usurpation, l'obligent précisément dans celui-ci à une détermination nette, consciencieuse, dictée par l'esprit d'équité et satisfaisante pour l'opinion publique. Sans cela, l'opinion devant lui imputer alors des misères qui n'étaient peut-être que les torts ignorés d'agents subalternes, demanderait le compte arriéré de la multitude d'avanies, de violences, de trafics scandaleux de la justice, de spoliations, qui n'ont cessé de déshonorer l'administration de Jérusalem. La liste de nos griefs est aussi affligeante que longue ; des mains véridiques en ont consigné les preuves, et les amis de la nationalité ottomane doivent désirer que des changements la justifient d'avance et promptement des accusations et des reproches qui deviendraient dans leur bouche même terribles et accablants au cas où la Porte semblerait approuver, maintenir et sanctionner irrévocablement les attentats que nous signalons.

Mais achevons de rappeler les autres faits relatifs à notre question. Le 12 octobre 1808, le feu est mis à dessein par les Grecs[1] à la grande coupole du Saint-Sépulcre. Ils savaient que les ressources de Terre-Sainte étaient fort réduites en ce moment, qu'elle ne pourrait en entreprendre la reconstruction, et qu'eux en s'en chargeant pourraient faire valoir à la copropriété des prétentions qui n'avaient

---

[1] Ils rejettent le crime, toujours avec la même sincérité, sur les Arméniens, à qui ils attribuent un sentiment de rivalité jalouse. (*Description de la Ville Sainte*, in-f°. Moscou, 1837, p. 11.)

jamais été admises. On sait comment l'incendie dévora toute la partie du temple occupée par ces audacieux profanateurs, et comment il respecta, à la grande admiration de tous, les autres parties appartenant à nos religieux surpris et consternés ; on eût dit d'un jugement du feu, ménagé par le Christ, sur les légitimes gardiens de son tombeau.

Mais, contre la teneur de tous les anciens firmans, les Grecs obtiennent la permission de restaurer la grande coupole et les autres ruines. Nous ne regrettons pas seulement le déni de justice qui résulta de la double conduite de la Porte et de l'ambassade française, trompées[1] ou jouées dans cette circonstance par des intermédiaires ; mais bien plus encore les profanations et le vandalisme qui ont

[1] Nous respectons le caractère de M. le maréchal Sébastiani, et nous avons confiance dans son intégrité ; mais les mains qui le servaient étaient-elles toutes aussi pures? Il plane sur sa négociation molle et ineffective une accusation dont nous voudrions pouvoir le justifier : « Entro el immoral Sébastiani..... pero como nos « veia tan necessitados de proteccion, no tuvo verguenza de ven- « dernosla : cogió varios milliares de piastras por muy cortos « servicios, pero por ajustar el asunto del Baxà, sollicitó de no- « sostros setenta y cincomil piastras, y a los Griegos y Armenios « cien mil decada uno. » (Derechos legales y estodo da Tierra-Santà. Palma, 1814, p. 72, 73.) L'auteur de l'ouvrage, le P. Manuel Garcia, était alors commissaire de Terre-Sainte, à Constantinople.

gâté et défiguré l'antique structure de l'édifice.
Des manœuvres arméniens dirigés par un maître
maçon grec de Mételin, qui n'a point oublié d'écrire
son nom en plusieurs endroits, ont d'abord détruit
la forme élégante et plus riche de l'ancienne coupole, reconstruite la première fois, en 1558, avec
les libéralités de Charles-Quint et de Philippe II
d'Espagne; puis, partiellement, en 1669, et enfin
en 1719, toujours par nos religieux et avec l'intermédiaire de la France. Le Saint-Sépulcre, proprement dit, épargné par les flammes qui l'environnaient
et par la chute de la grande coupole, a été recouvert
de marbres communs[1], mal polis, ornés de festons et
de bas-reliefs grossiers, le tout afin qu'on pût couvrir
les inscriptions latines et y en substituer de grecques.
Le Calvaire a été bouleversé; la cavité où fut plantée
la Croix rédemptrice a été détachée; la pierre en a
été enlevée[2] et remplacée par une autre qu'on offre
sacrilégement à la vénération des pèlerins. A côté de
là, derrière la pierre, dite de l'Onction, où fut lavé

[1] Des colonnes et autres ornements ont été aussi arrachés et
transportés dans le couvent des Grecs, où ils se trouvent encore,
assure-t-on.

[2] Le bâtiment qui la portait à Constantinople périt dans un
naufrage.

et embaumé le corps de Notre-Seigneur, reposaient glorieusement les corps de Godefroy de Bouillon et de Baudoin, son frère, sous des pierres sépulcrales, dont M. de Chateaubriand et beaucoup d'autres voyageurs nous ont conservé les inscriptions[1]. Les Arabes, les Mamelouks d'Égypte et les Ottomans avaient tour à tour, dans leurs conquêtes, épargné les cendres de ces autres conquérants, ennemis pour quelques-uns d'eux, pour tous peu sympathiques et d'une religion différente; ils avaient respecté dans leurs cendres l'honneur de l'Occident et l'asile inviolable de la mort. Les moines grecs ont violé ces tombes, dispersé les ossements, brisé les marbres dont les inscriptions latines attestaient, comme celle de l'Étoile de Beitléhem, nos droits de propriété, et ils restent depuis lors maîtres impunis du lieu! L'ignorance de ce forfait que nous dénonçons au gouvernement français peut seul expliquer et justifier sa patience.

La France avait-elle renoncé à ses droits de protection sur les Lieux Saints en laissant les Grecs en

[1] Là étaient aussi le cœur de Philippe de Bourgogne, qui fit reconstruire, en 1478, la charpente de l'église de Beitléhem, et les dépouilles mortelles de Philippe Ier, roi d'Espagne. (Patrim. serafico, p. 210. — Derechos legales, ib., p. 92.)

disposer ainsi arbitrairement? C'était la conclusion que ceux-là en tiraient contre l'intention de la Porte. Aussi M. de La Tour-Maubourg, chargé d'occuper momentanément le poste de M. Sébastiani, s'applique à réparer le mal précédent. L'an 1811, il obtenait un firman qui déclare que le travail des Grecs dans l'église de la Résurrection n'altère, ni ne lèse en rien les droits antérieurs des catholiques[1], garantis par les sultans. Depuis, la Porte, dans toutes les autres questions relatives aux Lieux Saints, s'est toujours retranchée dans la scrupuleuse observance des traités[2], et le met en tête de la moindre de ses ordonnances. Nous lui savons gré de ses mentions respectueuses des capitulations et de sa déclaration constante de les vouloir observer. Nous croyons à cette bonne disposition des Ottomans : toutefois la franchise française nous permet d'ajouter aussi, que depuis quatre-vingts ans les actes n'ont pas répondu aux paroles, ou mieux les ont contredites et condamnées. Nous voulons bien admettre encore que la

---

[1] Cette pièce doit exister dans les archives de l'ambassade et de la Porte. Nous possédons aussi à Jérusalem un ordre du cadi prohibant aux Grecs la célébration de la liturgie dans ce sanctuaire.

[2] Les expressions usitées sont : *kema-fi-sdbiq*, comme auparavant, *quadimden*, anciennement *a'hdnamei selatin-madji-Bindjé*, conformément à la charte ou à la lettre des sultans, etc., etc.

confusion jetée dans le débat par nos adversaires, embarrassait le juge et l'exposait à dévier dans ses jugements. Mais lorsque ce chaos apparent de droits et d'intérêts qui s'entrechoquent, vient à s'éclairer de la lumière qu'apportent un examen consciencieux et une discussion historique des titres de chaque partie, il n'y aurait plus d'excuse pour la Porte à fermer les yeux à l'évidence, à alléguer de chimériques difficultés, ou de recourir à la mauvaise foi de moyens dilatoires ; comme aussi la République, ou ses représentants, ne peuvent prétexter d'autres préoccupations, ni la remise de ce vieux débat à des temps plus favorables.

Il n'est jamais trop tard pour rendre justice ; et une décision propre à concilier les bénédictions du ciel et les éloges des hommes, ne peut manquer d'opportunité.

§ II.

CE QUE DEMANDENT LES RELIGIEUX DE TERRE-SAINTE, ET AVEC EUX LA CATHOLICITÉ.

La question de droit a été posée et résolue ; pour notre compte, nous avouons que si, en l'étudiant,

nous y avions découvert des obscurités ou des incer-
titudes, si les prétentions des Grecs nous avaient
paru reposer sur des titres quelque peu valables,
nous aurions résigné et décliné l'office de prendre
en main une cause douteuse et mal assurée.

Mais chargé de la mission d'examiner l'état des
Saints Lieux, et arrivant à Jérusalem sur les entrefaites du vol de l'Étoile, placée dans le sanctuaire
de la Nativité, nous avons compris que cet emblème
de la piété catholique, contesté par la mauvaise foi,
bien qu'il remontât à l'époque où nos religieux possédaient en propre l'église tout entière, soulevaient
un procès inextricable, provoqué et désiré par ceux
qui veulent combler la mesure de leurs injustices et
celle de nos humiliations ; que l'Étoile fût-elle re-
placée par nous, comme la raison l'exige, demain la
contestation serait ranimée ; par exemple, au sujet
de la porte principale de la même église dont les
Grecs tiennent seuls la clef et qu'ils s'amusent à fermer sur la population catholique, quand elle assiste
aux offices, ainsi que la chose arriva devant M. le
consul de France et nous présent avec lui aux cérémonies de l'Épiphanie ; ou bien encore à l'occasion
du cimetière placé devant ce portail, et réclamé par
les Grecs, quoiqu'il soit un simple amas de décom-

bres recouvrant l'ancien monastère latin[1]; que leur parti très-arrêté était de continuer le système de vexation qui leur réussit si bien depuis qu'ils les exercent impunément; qu'ils ne laisseraient, enfin, de repos ni aux religieux, ni à la puissance honorée du privilége de les protéger, eux et leurs sanctuaires, qu'autant qu'une décision positive, vigoureuse et irrévocable, serait prise par la Porte de concert avec la France, sur les droits respectifs des deux communions et sur les limites où chacun doit désormais se contenir. Alors l'étude de ces droits, l'examen de ces limites nous en fait remonter le cours toujours grossissant de spoliations, d'empiétements et d'intrigues que nous avons rapidement tracé, jusqu'à l'époque où leurs réparations obtenues et garanties par les capitulations recevaient un échec final qui n'a point été réparé.

Qu'on ne nous croie point dominé par les sentiments d'un faux zèle ou d'une sympathie partiale pour des hommes dont nous n'aurions écouté que les plaintes, et qui nous en feraient l'interprète ou l'écho; non, nous écrivons ceci dans la solitude et

---

[1] Le plan ci-joint de l'église de Beithléhem, telle qu'elle a été, pendant près de cinq siècles, possédée par les religieux, fait voir d'un coup d'œil la réalité de leurs droits.

seulement face à face avec les innombrables documents de l'innocence et de la vérité. Nous ne pouvons la trahir cette vérité qui dépose si hautement en notre faveur, parce que ce serait manquer à un devoir et renoncer à la plus noble comme à la moins contestable prérogative de notre politique d'Orient.

Entre les deux dernières capitulations, et sous leur sauve-garde, les religieux catholiques se sont trouvés possesseurs de sanctuaires qui ne sont plus entre leurs mains. Nous avons écarté déjà précédemment la possibilité d'objecter une prescription contre des propriétés que couvrent des traités internationaux, tant que du consentement des deux puissances contractantes il n'y a point eu révocation, ni changement. Ensuite la prescription n'est point légalement admise dans le cas de possession avec mauvaise foi, et tant que le légitime possesseur proteste contre l'usurpation. Or, les religieux catholiques n'ont cessé de protester devant la Porte par cent actes ou démarches qui en font foi; ils protestent aujourd'hui plus que jamais, et jamais leurs protestations ne finiront, parce qu'ils ne pourraient, le voulussent-ils, faire cession de propriétés achetées avec les aumônes des rois chrétiens et des fidèles, et dont ils sont les simples dépositaires au nom de l'Église ou de la catholicité.

Ce n'est point là une fiction légale : incapables de posséder quoi que ce soit par eux-mêmes, membres d'un ordre pauvre et mendiant, ils sont désignés par le Souverain Pontife comme de simples usufruitiers conservateurs. Que si le dépôt leur échappe, la faute n'en retombe point sur eux, privés de force et d'influence et ne sachant pas même en user; mais bien sur la puissance qui a assumé la responsabilité de les protéger et de les défendre. Que la France répondrait-elle, si le chef de la catholicité lui demandait compte de ce patrimoine sacré? Et ce compte lui sera prochainement demandé, parce que le nouveau et digne patriarche envoyé par S. S. Pie IX, pour relever le siége de Jérusalem, a le mandat spécial d'une enquête, à laquelle d'ailleurs il se croit obligé par sa dignité même. C'est donc pour échapper au douloureux affront que nous prépareraient l'inaction et la faiblesse du silence, que nous avertissons et engageons le gouvernement républicain à vider une question qui n'est point opposée aux intérêts d'un gouvernement allié, et qui ne peut que resserrer au contraire leur alliance, parce qu'elle sera l'épreuve et le témoignage de la sincérité et de la bonne foi qu'on y apporte de part et d'autre. D'ailleurs nous savons que si l'initiative n'était point prise par notre patrie, les opprimés sont décidés à se tourner d'un autre côté, où, s'ils trouvaient moins de droits, ils rencontreraient peut-être plus de courage.

Voulant nous tenir au droit des sanctuaires possédés durant les capitulations et assurés par elles, nous mettons de côté ceux qui furent antérieurement la proie de quelques derviches fanatiques. Tel est le couvent du mont Sion, bâti tout entier par nos religieux, occupé par eux durant trois siècles et demi, lieu plein de douceur et de consolation pour un chrétien, puisqu'il renferme le cénacle où le sacrement de l'Eucharistie fut institué, où Notre-Seigneur triompha de l'incrédulité de Thomas, et où le Saint-Esprit descendit sur l'assemblée des apôtres et des disciples.

Un santon poussé par les Juifs, dit la chronique, et ayant aussi une soif hydropique de l'argent [1], en prit quelque temps aux religieux sur la menace de changer leur monastère en mosquée. Comme ils ne pouvaient contenter toujours son avidité, il y entra un jour avec les musulmans de la ville, ils firent leurs prières, et par cette prétendue consé-

[1] Patrim. seraf., p. 252.

cration du fanatisme nous fûmes dépossédés. Cela arrivait en 1527, peu de temps après la conquête ottomane. L'on connaît la lettre que François Ier écrivit au sultan Suleiman Ier pour lui redemander ce sanctuaire [1]. De plus, le sultan aurait répondu verbalement à Jean Frangipani, premier envoyé de la France près la Sublime-Porte : « Je rendrai l'église « quand le roi, ton maître, permettra chez lui la « construction d'une mosquée [2]. » Le gouvernement français devrait bien rappeler cette promesse au sultan Abd'ul-Medjid, et peut-être les mosquées possibles aujourd'hui en France, et construites en Algérie avec son autorisation, nous vaudraient l'accomplissement de la parole de Suleiman ; d'autant plus que le monastère du mont Sion tombe en ruines, est plein d'immondices, et ne sert qu'à quelques santons fainéants.

Mais nous le répétons, la lettre des traités ne nous autorise pas plus à réclamer ce lieu que l'ancienne église du mont des Oliviers, également propriété latine, et convertie ensuite en mosquée. La maison de Pilate changée en caserne ; la prison de saint Pierre

[1] La réponse du sultan est insérée dans l'*Univers Pittoresque*, de Didot ; Turquie, p. 185.
[2] *Patrim. seraf.*, p. 252.

propriété d'un musulman corroyeur; le Calvaire, qui longtemps appartint exclusivement aux Latins, et que leur ravirent les Géorgiens favorisés par les princes mamelouks de l'Égypte; toutes ces pertes remontent au delà des capitulations. Il est vrai qu'après la capitulation de 1673 nous avons des firmans qui nous reconnaissent maîtres de la moitié de la partie du Calvaire usurpée sur nous par les Géorgiens; mais après la capitulation de 1740, il n'en est plus fait mention. Cette partie du Calvaire était occupée alors par les Grecs, qui avaient recueilli la succession des Géorgiens. Nous leur laissons donc telle partie, toutefois à la condition de conserver le privilége d'y faire chaque jour processionnellement nos stations et la cérémonie du vendredi-saint, qui depuis deux ans est l'occasion d'une rixe suscitée aux catholiques. Pour en comprendre la cause, il faut savoir que les Grecs ont élevé un autel de marbre blanc au pied de la croix du Calvaire, et cela contre les ordres de la Porte, qui prescrit toujours de ne rien innover dans ces lieux. Autrefois chacune des deux communions avait son autel portatif, qu'elle dressait seulement pour le temps de cette cérémonie. Les catholiques accepteraient encore l'autel, à la condition qu'il fût mixte ou commun, et voilà pour-

quoi ils réclament contre le fameux tapis qui le re-
couvre. D'après ce que nous avons dit plus haut, un
tapis ou une tenture étant le signe local et convenu
de la propriété exclusive, les catholiques, en offi-
ciant sur le tapis des Grecs, reconnaîtraient par là
la légitimité de l'autel contre lequel ils ont protesté,
ils accompliraient la cérémonie sur le terrain d'autrui et avec son bon plaisir; tandis que la tradition
et les traités les autorisent ce jour-là à célébrer sur
leur propre autel et en vertu d'un droit propre [1].

Ce que nous réclamons avec et par les nombreux
Hatti-Chérifs et firmans que confirment les capitulations, ce sont dans l'intérieur de Jérusalem : 1° les
deux coupoles, grande et petite, qui surmontent le
Saint-Sépulcre proprement dit, et que nous avons
vu mentionnées dans tous les ordres de la Porte,
avant l'incendie de 1808. La déclaration donnée
en 1812 à M. de la Tour-Maubourg, que *le travail
des Grecs laissait intacts les droits des catholiques*,
prouve que nulle autre communion n'a acquis des

---

[1] En 1847, Méhémet-Pacha, actuellement ambassadeur de la
Porte à Londres, trancha courageusement la difficulté en levant
lui-même le tapis, et évita une rixe qui l'année précédente avait
mis en danger la vie de plusieurs religieux. Notre ambassade de
Constantinople n'a pu encore, sur ce point comme sur les autres,
obtenir une décision précise et conforme à nos droits.

titres de copropriété, même en ayant obtenu une fois le privilège de réparer les dégats de l'incendie causé par sa malveillance. Il convenait même que comme punition, elle en supportât exclusivement les frais, et tout notre regret est que les religieux catholiques n'aient pu diriger les travaux qui auraient alors été exécutés avec le goût et selon les principes de la vraie architecture. Trois fois, anciennement, comme nous l'avons dit plus haut, en 1558, 1669 et 1719, nos religieux avaient réparé et restauré la grande coupole. L'époque de 1719 est intermédiaire aux deux capitulations. Nous sommes donc dans notre droit, non pas de demander, mais d'exiger la réparation actuelle par nous-même ou avec notre consentement [1]. Que si, par exemple, S. H. le sultan Abd'ul-Medjid veut, comme il l'a fait proposer, faire reconstruire à

[1] Il faut savoir que cette coupole, qui a quelque chose de la forme du Panthéon, menace ruine, et cela par un effet de la malice des moines grecs, qui, durant la nuit, enlèvent les plombs qui la recouvrent, afin de hâter l'action destructive du temps, et d'obtenir cette fois la permission exclusive, qui leur fut refusée en 1808, de la reconstruire à leurs frais, toujours dans l'espoir d'en réclamer ensuite la propriété exclusive, en vertu de l'usage musulman qui adjuge la propriété de toute construction au constructeur. La France pourrait-elle tolérer encore cette fraude et cette insulte?

ses frais la grande coupole, comme un hommage rendu, selon sa propre expression, à la chrétienté, nous devons lui savoir gré de cette générosité et nous pouvons l'accepter, toutefois autant seulement qu'il serait formellement expliqué que cette libéralité est agréée par nous, catholiques, à titre de bienfait et d'aumône, et qu'elle ne déroge en rien aux stipulations précédentes; c'est-à-dire que la coupole restera, après comme ci-devant, propriété de ses possesseurs uniques et légitimes qui sont les catholiques.

La Porte ne pourra jamais contester, sur ce point, l'évidence de nos droits, et quant à l'aumône offerte par S. M. le sultan, si elle ne pouvait plus être accordée à cette condition, grâce à Dieu, la charité de la catholicité nous offre des ressources suffisantes pour entreprendre et pour mener à bonne fin, nous-mêmes, ce travail.

En portant le marteau sur le saint Tombeau et en le défigurant par leur prétendue restauration, les Grecs n'avaient d'autre but que de s'y introduire et de supplanter, s'ils le pouvaient, les religieux catholiques. Cependant en 1811 le cadi et tous les effendis de Jérusalem reconnaissaient et attestaient dans une pièce, déposée ici, que les Grecs n'avaient point acquis de nouveaux droits et qu'ils ne pouvaient célébrer leur liturgie dans l'intérieur du monument. Plus tard, les Grecs ont insensiblement surpris l'autorité locale, incompétente en ces matières, et les jugeant d'ordinaire vénalement, la permission de célébrer l'office à certaines solennités leur a été concédée. Mais un autre abus qui demande à être réprimé sur-le-champ, c'est la profanation continuelle de ce sanctuaire, changé pour les pèlerins en une boutique de cirier, par le prêtre grec, qui, durant les ouvertures de l'église, se tient là continuellement pour leur vendre ses bougies et ses cierges. Nous ne voulons point ruiner son commerce, dont il paie grassement la ferme au patriarche grec; mais seulement ne conviendrait-il pas qu'il le fît dehors, et dans un lieu que nos droits lésés ne lui interdisent point?

Prévenons ici l'objection qui sera insinuée à la Porte par les Grecs et par les Arméniens : « Voilà les Francs qui veulent nous chasser des Saints Lieux, eux étrangers et nous vos très-féaux sujets, payant le *kharatch*, la capitation et l'impôt. » La réponse est facile : d'abord, les Francs résidant dans les Saints Lieux ne sont point considérés comme étrangers par les capitulations et les firmans, mais bien propriétaires domiciliés et vivant là sur la foi des traités [1] avec autant de droit que les sujets mêmes de l'empire. Ensuite, les Francs ne veulent pas chasser les pèlerins, à quelque culte qu'ils appartiennent ; au contraire, ils leur laisseront un accès plus facile et plus décent de ces sanctuaires, car ils ne lèveront plus sur eux les tributs coûteux et simoniaques qui les dépouillent [2] et qui avilissent la dignité normale du christianisme. Le peuple ne se plaindra pas, parce qu'il y aura profit, mais seulement ces quelques moines qui le trompent, le fanatisent et le grugent, afin d'amasser l'argent dont ils ont besoin pour corrompre les autorités ottomanes et afin de poursuivre leurs envahissements. Ce sont ces quelques hommes désœuvrés, turbulents et cupides, qui excitent et fomentent les querelles, entretiennent les préventions contre les catholiques et intriguent dans les bureaux de la Porte. Ils défendent en cela uniquement la cause de leur intérêt propre, au ris-

[1] Les expressions arabes ordinaires sont *qaotin*, habitants, ou *sakin*, qui a le même sens, ou *mutemekkin*, qui implique l'idée d'une possession foncière et indéfinie.

[2] La Russie a été obligée d'ordonner à chacun de ses pèlerins de déposer, à son débarquement à Jaffa, la somme nécessaire pour son retour, entre les mains de son agent consulaire, parce que beaucoup de ces malheureux revenaient dénués de toute ressource.

que de compromettre la paix, la bonne harmonie et la réputation de leur gouvernement. Nous ne voyons donc pas le mal qu'il y aurait à contraindre ces hommes à se réformer. Monseigneur le patriarche catholique est disposé à laisser les choses sur le pied où elles étaient au moment où les capitulations étaient en vigueur, avant l'usurpation, et même à faire d'autres concessions annuelles, dont la révocation, dépendante du propriétaire et possible à la moindre faute ou transgression de l'ordre rétabli, serait un frein salutaire, un moyen actif de répression, et une garantie pour l'avenir.

2° Cette dernière clause, par exemple, serait utilement applicable à la *pierre de l'Onction*, qui est le second objet de nos réclamations. Elle a toujours appartenu aux catholiques, comme l'indiquent les documents légaux. Les Grecs et les Arméniens ont obtenu d'y placer des chandeliers et des lampes, ce qui les a conduits bientôt à s'en regarder comme les copropriétaires. Si la propriété exclusive en est rendue aux catholiques, conformément aux capitulations, assurément les catholiques ne feront point enlever aux Grecs et aux Arméniens leurs chandeliers et leurs lampes. Ils se contenteraient de les avertir que l'esprit et la lettre des capitulations étant enfin respectés, ils leur permettent ces témoignages de piété, mais à la condition que la permission en sera renouvelée tous les ans, et qu'elle cessera avec le premier acte de violence ou de désordre dont ils se rendraient coupables.

3° En face étaient les tombes de Godefroy de Bouillon, du roi Baudoin son frère, de Philippe, duc de Bourgogne, et de Philippe Ier, roi d'Espagne. Nous avons déjà fait comprendre la convenance de replacer au moins les marbres funéraires portant les inscriptions connues de ces hommes illustres, épargnés par les Arabes, les Mamelouks, les Ottomans, et qui n'ont point trouvé grâce près des Grecs. Nous sommes convaincus que le gouvernement de France et d'Espagne accompliraient avec empressement le devoir religieux et patriotique de cette restauration, qui pourrait être provoquée par une souscription générale et populaire. Assurément les peuples de Belgique, d'Allemagne et d'Angleterre s'associeraient volontiers à cet hommage rendu aux héros des croisades et à cet acte de la piété filiale de l'Occident.

4° Les sept arceaux de la sainte Vierge, contigus à la chapelle où N. S., après la résurrection, apparut à sainte Magdeleine [1], ont également toujours appar-

---

[1] Voyez le plan ci-joint de l'église du Saint-Sépulcre.

tenu aux catholiques, qui les ont perdus sur la ridicule accusation que les religieux catholiques tiraient de là des coups de pistolet et de fusil dans le chœur où priaient les Grecs, ou bien encore qu'ils jetaient sur eux des pierres et de la poussière du haut de la galerie supérieure. Cette galerie, qui est toujours notre propriété, prouverait suffisamment que nous possédons ce qu'elle couvre, si d'ailleurs la lettre des firmans, que nous appellerons *capitulaire*, n'était péremptoire.

Au dehors de la ville de Jérusalem.

5° La chapelle souterraine renfermant le tombeau de la sainte Vierge, restitué en 1666 aux catholiques, après une tentative d'usurpation par les Grecs, ainsi que nous l'avons raconté. En 1757, sur l'ordre de la Porte transmis par M. de Vergennes, les religieux catholiques en réparaient les voûtes et la porte endommagées, ce qui, d'après l'article 82 des capitulations, suppose la propriété et la jouissance du sanctuaire.

Outre le firman, il existe bon nombre de documents et de titres historiques de cette possession. Nous nous contenterons ici du témoignage du P. Bernardino, écrivant au commencement du dix-septième siècle et de qui nous avons extrait les trois plans du Saint-Sépulcre, de ce monument et de la grande église de Beitléhem [1].

« Le tombeau de la sainte Vierge, dit-il dans son
« ouvrage qui est un excellent guide du voyageur
« pour le temps, est à nos pères et personne n'y
« peut célébrer sans leur permission. Le B est
« l'autel des Grecs; il a onze palmes de longueur et
« trois de largeur. Le C est un autel des Syriens.
« D est la mosquée des Turcs, où ils font la prière et
« révèrent avec beaucoup de respect le tombeau de
« la Vierge. F est l'autel des Abyssins; il a sept
« palmes de long et quatre et demi de large. G est
« l'autel des Arméniens; il a sept palmes de long
« et trois et neuf pouces de large [2]. »

Les Musulmans, les Syriens, les Abyssins et les Arméniens ont gardé leurs autels respectifs, et les catholiques seuls, qui les avaient admis autrefois et qui étaient chargés de la garde comme de la réparation de ce sanctuaire, en ont été expulsés, par qui? par les mêmes Grecs qui les accusaient d'avoir volé

[1] Trattato delle piante ed immagini de sacri edifizi de Terra-Santa. — In Firenze, 1620.
[2] Id. ibid., p. 51. Vérifiez la description sur le plan.

et vendu le corps de la sainte Vierge, et que la Porte déclarait à cette occasion *fourbes et menteurs.* Ce sont ces mêmes hommes qui ont aujourd'hui la garde et les clefs de ce lieu, où le prêtre catholique n'a plus accès parmi toutes les autres sectes, lui possesseur et propriétaire dès avant les croisades ! L'injustice crie assez haut d'elle-même et nous dispense d'autres réflexions.

6° La grande église de Beitléhem.

Nous nous étendrons ici un peu davantage, parce que la suite des usurpations est plus sensible et que l'étoile dérobée par les Grecs, dans la chapelle souterraine de la Nativité, a soulevé une question secondaire encore pendante. D'une part les documents abondent en faveur des religieux catholiques : ainsi, dès l'an 600 de l'hégire (1203), le sultan Echref leur permit de réparer l'église [1]; en 610 (1213), le sultan Omar permet de réparer la crèche de la chapelle souterraine; en 676 (1277), le sultan Akmed-Echref délivre une pièce attestant que l'église de Beitléhem et le sanctuaire de la Nativité appartiennent aux religieux francs, ainsi que le Saint-Sépulcre,

[1] Cette pièce authentique, ainsi que toutes celles que nous énumérons, existent dans les archives du couvent de Terre-Sainte, à Jérusalem.

ses habitations, la moitié du Calvaire, la partie basse de ce sanctuaire, où sont enterrés les rois de Jérusalem ; qu'ils ne peuvent être contraints d'ouvrir leurs couvents et églises, qu'ils peuvent réparer quand il en est besoin (ce qui suppose une administration plus libérale que celle d'aujourd'hui), faire du vin, etc., etc...; en 720 (1310), le sultan Akmed-Barcout confirme la faculté de réparer cette église ; en 810 (1407), un autre sultan, Akmed, déclare que les religieux francs n'ouvriront la porte de leur sanctuaire que lorsqu'ils le jugeront convenable. En 850 (1446), le sultan Akmed-Nacer fait restituer un lieu voisin du couvent qui avait été usurpé. En 1478, le P. Jean Thomaselis, d'une illustre famille napolitaine, renouvela la charpente de l'église avec des sapins que lui amenèrent des galères vénitiennes et la couvrit de plomb, admirable travail qui subsiste encore aujourd'hui, et qui fut achevé aux frais du duc Philippe de Bourgogne, le même dont le cœur avait été déposé près des restes de Godefroy de Bouillon.

Après la conquête ottomane, l'an 972 (1564), les Géorgiens (car il n'était pas même encore question des Grecs, qui, en recueillant la succession de ceux-ci, semblent avoir hérité aussi de leur haine et de leur mauvaise foi) se présentent effrontément devant le tribunal de Jérusalem, demandant tout simplement les trois clefs de l'église et de la chapelle souterraine de Beitléhem. La cause fut remise au pacha de Damas, qui décida naturellement que le sanctuaire tout entier était la propriété des religieux francs; car il n'avait point encore été accoutumé au système corrupteur des cadeaux, des faux témoins et des calomnies. Par malheur, il eut bientôt trop de vogue et de succès.

En effet, les Grecs ont succédé aux Géorgiens. En 1611 (1019), ils s'unissent aux Arméniens, qui entrent aussi en scène, et réclament ce sanctuaire. Le sultan Akmed Ier ordonne qu'on examine les preuves, et après cette enquête, il commande de maintenir dans la possession de cette église les religieux francs, que les autres avaient charitablement accusés d'avoir ouvert une mine de Beitléhem à Jaffa. Comme si le gouvernement de la Porte eût eu déjà un pressentiment de l'imposture du prétendu firman d'Omar-Ben-Khatab, auquel il se laissera pourtant tromper deux fois plus tard, il déclare dans le firman [1] que la propriété des religieux francs est antérieure à la conquête d'Omar-Ben-Khatab. En 1621, sous le sultan

---

[1] Déposé ici dans les archives.

Osman II (car chaque changement devient le signal de nouvelles attaques et le moment favorable de produire ou de faire renouveler de faux titres), autre procès intenté pour le même sanctuaire; enquête par ordre de la Porte, et décision [1] que les Grecs, ni les Arméniens, ou toute autre nation, ne peuvent dire la messe, faire leurs fonctions, ni poser leurs chandeliers dans ce sanctuaire aussi bien qu'au Saint-Sépulcre et dans la chapelle du tombeau de la sainte Vierge. En 1034 (1625), autre déclaration non moins explicite du même sultan Osman [2]. En 1036 (1627), Hatti-Chérif du sultan Mourad IV, qui déclare la grande église et la grotte ou chapelle souterraine de Beitléhem propriétés des Francs, et non possessions musulmanes [3]. En 1041 (1632), autre commandement du même sultan, qui ordonne aux Grecs et aux Arméniens de laisser les religieux francs paisibles possesseurs de l'église de Beitléhem, et de leur rendre les clefs qu'ils avaient usurpées [4]. Deux fois dans

[1] Deux copies authentiques sont déposées au commissariat de Péra.

[2] Le Hatti-Chérif obtenu par le Baile de Venise existe au commissariat de Péra, année 1033-4.

[3] Commandement déposé ici à Jérusalem.

[4] L'original de cette ordonnance est dans les archives du commissariat de Péra.

la même année le procès fut renouvelé, au mépris des ordres de la Porte, et deux fois les religieux francs obtinrent justice.

Mais en 1043 (1634) la fraude commence à triompher. Les Grecs achètent de Daoud-Pacha, gouverneur de Damas, la déclaration vague et simple que les sanctuaires de Beitléhem sont aux Grecs; ils courent à Constantinople, et au moyen de cette déclaration obtiennent un firman qui leur adjuge ces lieux. Tous les juges de Jérusalem réclament au nom de nos religieux et en leur faveur; alors, en 1045 (1636) [1], sort un firman qui réintègre les religieux francs dans les sanctuaires usurpés. Mais les Grecs possédaient leur faux titre; cela leur suffisait pour le représenter à un changement de règne ou dans une autre circonstance favorable. Le divan, trompé ou gagné, se contredit quelques années après, et livre l'église de Beitléhem aux Grecs, qu'ils gardèrent jusqu'en 1690, où M. de Châteauneuf obtint enfin la satisfaction que confirme la seconde capitulation de 1740. Ils jouirent soixante-sept ans de leur bien; après quoi Raghib-Pacha commit l'acte arbitraire de le concéder aux Grecs, qui depuis conservent toute

---

[1] L'original se trouve également au même lieu.

l'église supérieure, dont ils n'occupent que le chœur à proprement parler, faisant de la belle et spacieuse nef, ornée par sainte Hélène de quarante colonnes de marbre, une halle ou bazar, ou lieu d'amusement pour les enfants de l'école, quelquefois le dortoir et la taverne des pèlerins mêlés et confondus, tandis que la population catholique, beaucoup plus nombreuse, ne peut contenir dans la chapelle voisine basse et obscure, qu'on ne leur permet pas même d'agrandir. Les Arméniens reçurent l'aile gauche du chœur, et murèrent la porte qui donnait passage à nos religieux dans la procession qu'ils font chaque soir au sanctuaire souterrain de la Nativité. Il a fallu le concours du régime de Méhémet-Ali, pacha d'É-gypte, et la présence du prince de Joinville pour faire rouvrir cette porte condamnée [1].

Qu'on jette un coup d'œil sur le plan extrait de l'ouvrage précité du P. Bernadino ; il nous représente l'état ancien et régulier de l'église, et la portion respective des trois communions, avant qu'un ministre mal informé ne dépouillât l'une au profit des deux autres. Les Grecs n'avaient dans la nef qu'un baptis-

---

[1] Voyez le plan de l'église supérieure de Bethléhem, nº 5, lieu de cette porte.

tère; leur chapelle, située hors de l'église, y communiquait seulement par l'escalier, et derrière s'élevait la tour où se tenait le moine ou caloyer, gardien de ce lieu, l'unique qu'ils possédassent [1]. Leur cimetière était au lieu où ils ont bâti leur couvent, et où ils ont ouvert une porte de communication avec l'église, contre les ordres répétés dans plusieurs firmans. Conçoit-on aujourd'hui comment ils osent s'emparer du terrain avoisinant autrefois le cellier des religieux, séparés de la place par un mur, et recouvrant les antiques fondements du monastère! Dans ce moment les Grecs suivent, près de la Porte, une instance pour murer ce lieu et l'enlever totalement aux catholiques, qui manquent de cimetière. Cependant ils devraient se contenter du jardin qu'ils ont pris, bien que plusieurs Hatti-Chérifs le déclarassent propriété des religieux catholiques. Les Arméniens, qui n'avaient qu'une habitation entièrement séparée, ont bâti là un couvent, et occupent, comme nous l'avons dit, l'aile gauche de l'église.

Nous arrivons à présent à la question de l'étoile

[1] Voyez le plan n° 17, scala per andare alla torre, dove stà un caloiro græco per custodire quel luogo, che altro non hanno. Id., ibid., p. 8.

dérobée dans le sanctuaire de la Nativité, lequel fait partie de la chapelle souterraine située sous le chœur. Il est difficile de concevoir quel droit pouvaient avoir sur cette église intérieure des hommes qui n'avaient qu'un baptistère et un escalier dans l'église extérieure. Aussi réussirent-ils plus difficilement à s'introduire dans cette grotte, et ne purent-ils, de concert avec les Arméniens, qu'obtenir la jouissance de la table de marbre faisant autel au-dessus de l'endroit où N.-S. Jésus-Christ est né de la Vierge Marie. La partie inférieure de ce lieu vénéré appartenait toujours aux religieux catholiques, qui veillaient avec soin sur l'étoile d'argent placée en mémoire de celle des rois mages, parce que son texte latin :

HIC DE VIRGINE MARIA

JÉSUS-CHRISTUS

NATUS EST.

est une preuve parlante de leurs anciens droits, surtout lorsqu'on se rappelle que les Grecs sont si jaloux de ne mettre partout que des inscriptions conçues dans leur propre langue, et que leur premier soin, dans les lieux usurpés, est d'en faire disparaître les inscriptions latines. Cependant, avec la diversion d'une rixe suscitée à nos religieux dans le cimetière, et au sujet du cimetière qu'ils veulent entièrement s'approprier, ils distraient leur attention, arrachent et emportent l'étoile. Rejeter ensuite l'accusation du vol sur nous, c'est le prodige d'une impudence dont la simple conception échapperait à tous autres esprits ; comme aussi croire à cette accusation, et en laisser la victime sous le double coup du dommage et de la honte, c'est une manière de concevoir et d'exercer la justice qu'on rencontrerait difficilement ailleurs qu'en Turquie.

Les catholiques avaient-ils un intérêt à la disparition de ce signe incontestable de leur propriété, eux qui, cinq années auparavant, avaient averti la Porte que les Grecs voulaient l'enlever et obtenir d'elle un ordre, existant entre nos mains, et qui en défend le déplacement? L'auraient-ils fait avec la brutalité de profanateurs et à l'heure où les Grecs ont la jouissance de ce sanctuaire? Leur fait-on l'injure de peser leurs dénégations au même poids que celles de leurs accusateurs, que nous avons vus tour à tour proclamés, par la bouche même des sultans, *calomniateurs, voleurs* et *faussaires?* Quand est-ce que nous avons été marqués de la même flétrissure? Ne sait-on pas d'ailleurs que l'étoile a été portée en triomphe au couvent grec de Saint-Saba, distant de quatre lieues, et que là il lui a été fait une ovation dérisoire pour ceux qu'affligeait sa perte? N'est-ce pas ce que confirme l'aveu de Moustafa-Zurif, pacha de Jérusalem, nous disant : « J'aurais pu retrouver l'é-« toile dans le commencement, si M. le consul de « France ne s'était mêlé de l'affaire. » Raison qui condamne doublement le pacha, connaissant les voleurs, sans les arrêter, ni les punir; et persistant encore aujourd'hui dans le refus de reconnaître une intervention officielle, autorisée par les traités internationaux. S'il n'y avait sous tout ce jeu le péché habituel et local de la vénalité et de la corruption, le cadi aurait-il fait proposer au procureur du couvent de terminer tout à notre avantage pour 11,000 piastres? Proposition rejetée par nous, comme contraire à l'honneur des catholiques et du gouvernement qui prohibe actuellement ces trafics scandaleux.

Et la Porte mettrait encore en doute les droits des catholiques? Elle voudrait de nous une composition, un compromis qui admettrait à la copropriété de l'objet volé les voleurs? Elle différerait encore l'ordre d'une restitution, qui doit être le signal d'autres non moins équitables? Ou bien nous pourrions nous contenter de ce que la restitution fût faite par l'autorité locale, qui de la sorte laisserait impunie la faute, et servirait les coupables, autorisés à considérer désormais l'étoile comme un bien indivis et commun? Non, nous espérons mieux de notre droit et de l'équité actuelle de la Porte. Autrefois l'éloignement, l'imperfection du système administratif, les obscurités amoncelées à dessein autour de la question, l'ignorance et l'absence de liberté dans le juge, ont pu nuire à la cause des Saints Lieux et favoriser l'injustice. Aujourd'hui le rapprochement des distances par le moyen de la vapeur, les améliorations administratives, la publicité, les lumières et l'intégrité des hommes placés à la tête du gouvernement, laissent espérer que le faux sera distingué du vrai, que le pouvoir central aura la force d'être obéi aux extrémités de l'empire, que l'opinion publique, prise aussi pour tribunal, ratifiera la sentence des arbitres éclairés qui ont à réviser le procès, et que les flottes de la République sauraient au besoin assurer la prompte exécution du jugement.

Et la preuve que la négligence ou le sacrifice du devoir ne font qu'enhardir les contempteurs du droit et de l'ordre, c'est qu'hier encore, 18 mars, dans la même église de Beitléhem, une troupe de pèlerins grecs, ayant des prêtres à leur tête, ont assailli nos quelques religieux inoffensifs à coups de bâton, au moment où de nombreux firmans devaient laisser libre à ceux-ci le sanctuaire pour la cérémonie de la procession qu'ils y font chaque soir, le sang a coulé, un des blessés l'est grièvement. L'interruption subite de la cérémonie et la fuite ont pu seulement préserver les autres religieux des coups qu'est accusé d'exciter l'évêque grec résidant dans le monastère voisin. Sans une répression exemplaire, la malice, croissant avec l'impunité, contraindrait bientôt les religieux catholiques de céder la place aux persécuteurs.

Tel est le nœud du complot ; et, selon notre premier sentiment, fortifié maintenant de toutes les raisons qui précèdent, l'ordre, la paix, ne seront rétablis, et le droit comme l'honneur des catholiques satisfaits, qu'autant qu'ils rentreront intégralement dans leurs possessions légitimes. L'étoile dérobée n'en est qu'une très-minime partie ; elle est, pour ainsi dire, la molécule inséparable d'un tout, lui-même indivisible. Le droit qui autorise à en demander la restitution comme propriété catholique, et le remplacement par les catholiques, prescrit aussi bien à l'équité la reddition du reste. C'est en vertu des mêmes capitulations ou des engagements de la Sublime-Porte et de la France : y aurait-il raison à y déroger sciemment sur plusieurs points, et à les accomplir en un seul? Enfin, le gouvernement qui a confisqué à son profit les couvents du mont Sion et du mont des Oliviers, pour les changer en mosquées, ne nous doit-il pas des dédommagements et une compensation?

Nous mettons un terme à ces réflexions, osant croire *avoir fixé la légalité de ce que nous avons le droit d'entreprendre*, et nous reposant avec confiance sur l'*engagement que nous pourrons l'obtenir*[1]. Nous croyons avoir apporté à Jérusalem la même droiture de volonté et la même intention de justice que dans le Liban. Ainsi que nous avons tenu là compte des droits de la Porte, de même, disons-nous franchement, que la Porte doit respecter ici les nôtres. La protection française que quelques-uns voudraient voir dans la Montagne excéder les limites de ces attributions spirituelles, est, au contraire, insuffisante pour les sanctuaires de Terre-Sainte.

Ils sont, avec leurs gardiens, livrés à des passions mauvaises; les torts du passé sont tels et si graves dans leurs conséquences politiques et reli-

[1] Expressions mêmes des instructions données à l'auteur par le gouvernement français.

gieuses, que l'opinion de la catholicité et de la France, émue sur ces vérités, causerait bien d'autres embarras au gouvernement ottoman, que les faussetés et les exagérations répandues sur l'état des Maronites. Car la Porte a décidément à opter entre rester l'instrument de la cupidité et des violences du schisme, ou devenir la loyale exécutrice des engagements contractés par l'intermédiaire de la France envers la catholicité. Or la catholicité, dirons-nous, en répétant un mot récent du grand pontife Pie IX, c'est deux cent millions d'âmes; comment hésiter de se les gagner par ce simple acte de justice qui aurait d'autant plus de retentissement qu'il serait voulu et ordonné par le sultan, chef de l'Islam ! Le sépulcre du Christ, qui mit jadis aux prises l'Occident et l'Orient, deviendrait donc pour eux le gage, et le sceau pour la France et la Turquie d'une union plus étroite, toute pacifique, avançant l'œuvre de la réforme civilisatrice, et couvrant de gloire les noms des ministres médiateurs.

Jérusalem, 19 mars 1848.

Eugène BORÉ.

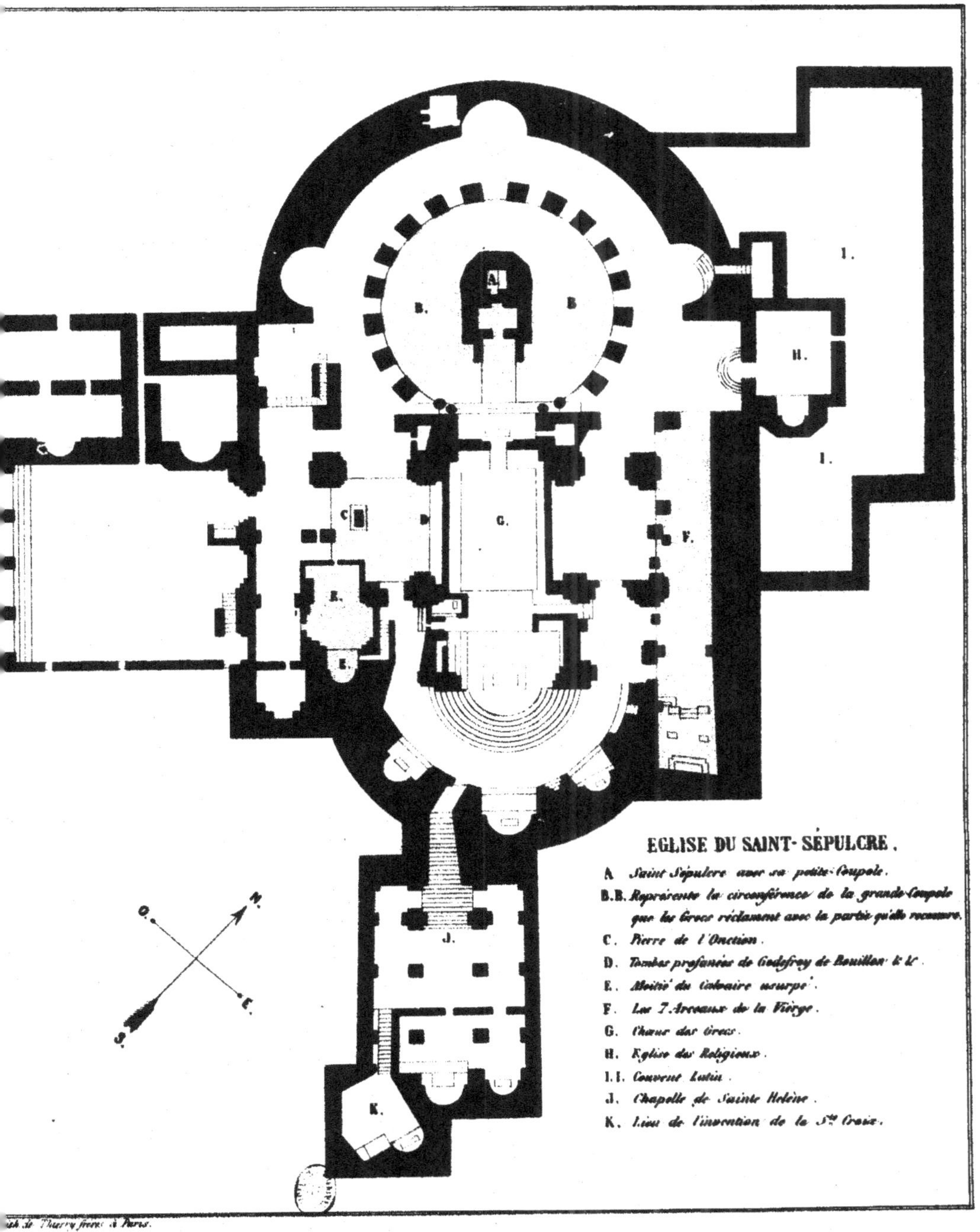

EGLISE DU SAINT-SÉPULCRE.

A   Saint Sépulcre avec sa petite Coupole.
B.B. Représente la circonférence de la grande Coupole
      que les Grecs réclament avec la partie qu'elle recouvre.
C.   Pierre de l'Onction.
D.   Tombes profanées de Godefroy de Bouillon &c.
E.   Moitié du Calvaire usurpé.
F.   Les 7 Arceaux de la Vierge.
G.   Chœur des Grecs.
H.   Eglise des Religieux.
I.I. Couvent Latin.
J.   Chapelle de Sainte Hélène.
K.   Lieu de l'invention de la Ste Croix.

O. N. E. S.

Lith. de Thierry frères à Paris.

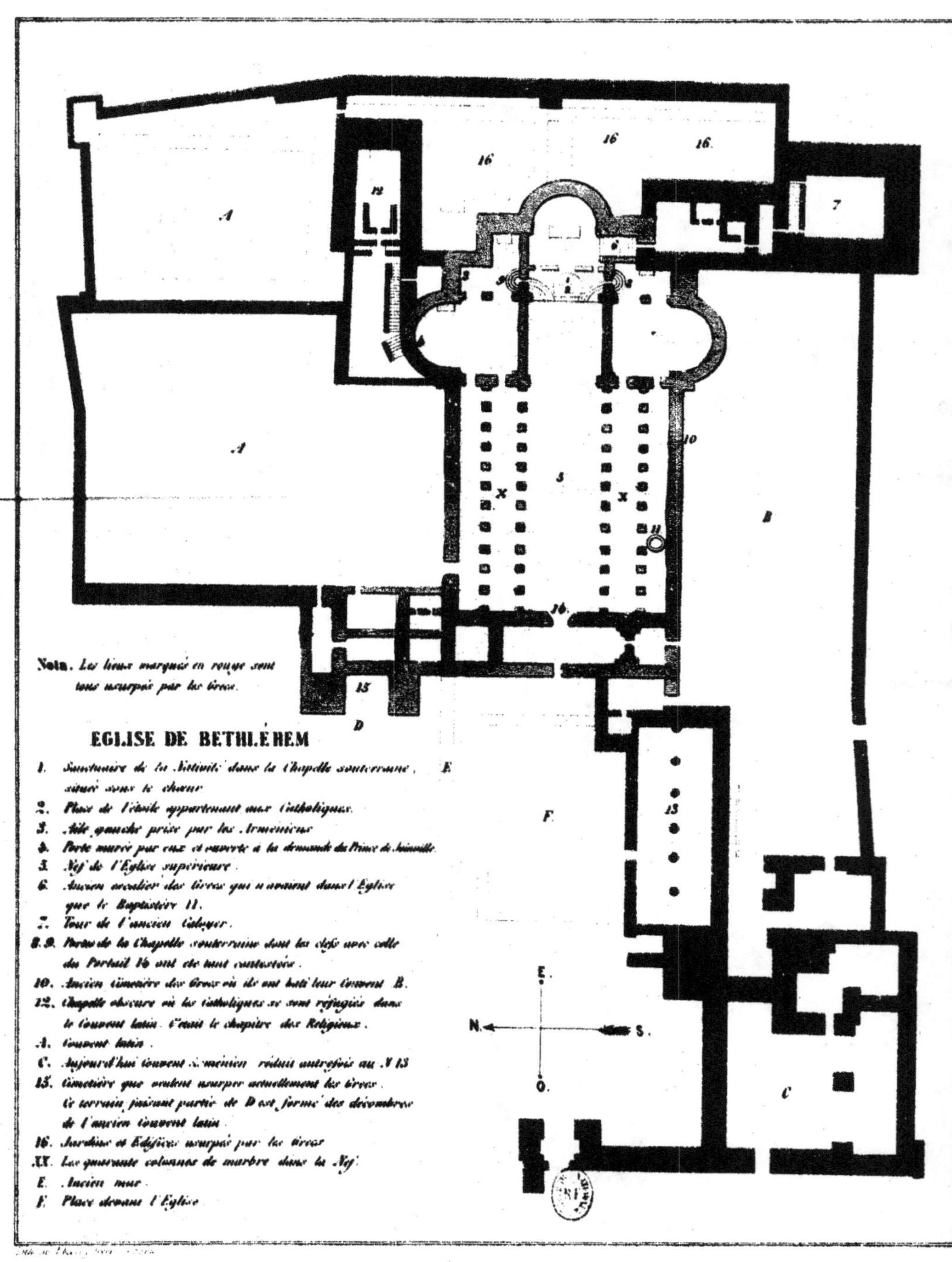

Nota. Les lieux marqués en rouge sont tous usurpés par les Grecs.

EGLISE DE BETHLÉHEM

1. Sanctuaire de la Nativité dans la Chapelle souterraine, situé sous le chœur
2. Place de l'étoile appartenant aux Catholiques.
3. Aile gauche prise par les Arméniens
4. Porte murée par eux et ouverte à la demande du Prince de Joinville.
5. Nef de l'Eglise supérieure.
6. Ancien escalier des tirres qui n'avaient dans l'Eglise que le Baptistère 11.
7. Tour de l'ancien Collège.
8.9. Portes de la Chapelle souterraine dont les clefs avec celle du Portail 16 ont été tant contestées.
10. Ancien cimetière des Grecs où ils ont bâti leur couvent B.
12. Chapelle obscure où les Catholiques se sont réfugiés dans le couvent latin. C'était le chapitre des Religieux.
A. Couvent latin.
C. Aujourd'hui couvent Arménien réduit autrefois au N 13
13. Cimetière que veulent usurper actuellement les Grecs. Ce terrain faisant partie de D est formé des décombres de l'ancien couvent latin.
16. Jardins et Edifices usurpés par les Grecs
XX. Les quarante colonnes de marbre dans la Nef.
E. Ancien mur.
F. Place devant l'Eglise

N. — S. — O. — E.

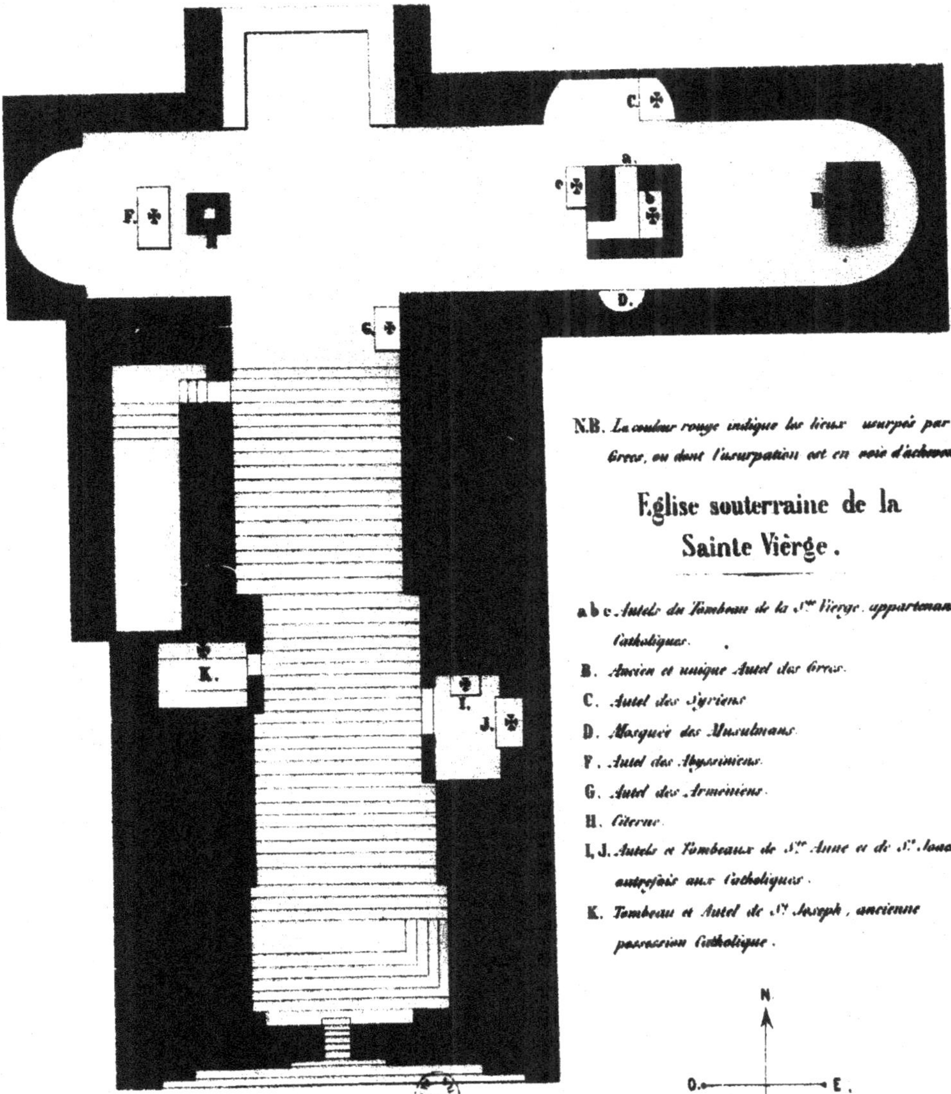

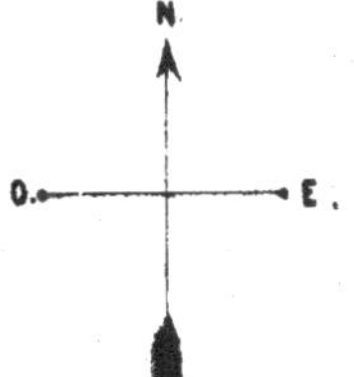

N.B. *La couleur rouge indique les lieux usurpés par les Grecs, ou dont l'usurpation est en voie d'achèvement.*

Église souterraine de la Sainte Vièrge.

a b c. *Autels du Tombeau de la Ste Vierge, appartenant aux Catholiques.*

B. *Ancien et unique Autel des Grecs.*

C. *Autel des Syriens.*

D. *Mosqueé des Musulmans.*

F. *Autel des Abyssiniens.*

G. *Autel des Arméniens.*

H. *Citerne.*

I, J. *Autels et Tombeaux de Ste Anne et de St Joachim autrefois aux Catholiques.*

K. *Tombeau et Autel de St Joseph, ancienne passession Catholique.*

Imp. de Thierry frères à Paris